# Take off

Warum fährt man zum Relaxen eigentlich immer aufs Land? Zwischen Hochhäusern und Straßenschluchten warten unfassbar entspannte Ecken auf alle, die einfach mal runterkommen wollen. Ob beim meditativen Sushirollen, beim Planschen in Bäderparadiesen, beim Yoga im Museum oder Paddeln durch alte Industrieareale. Abschalten, Ruhe finden, ommm ...

Fado

Yildizi

# Wirf eine Münze

Die Welt ist groß. Der Urlaub ist klein. Nicht immer fällt es leicht, das passende Ziel auszusuchen. Lass doch einfach das gute alte Schicksal entscheiden. Überzeugt? Dann halt dich an folgende Spielregeln: Wirf eine Münze auf diese Seiten. Wo sie landet, landest auch du.

42

**Oxford**
ist einfach magisch!

118

**Shanghai**
Finde deine innere Mitte

**Niete**
Versuch's noch einmal!

144

**Potsdam**
Picknick im Schlosspark

**Joker**
Du machst eine Weltreise

30

**Tokio**
Aktiv & kreativ entspannen

106

**Lissabon**
Blick aufs Meer inklusive

68

**Paris**
Grüne & verträumte
Ecken entdecken

132

**Kopenhagen**
Stress? Eile? Geht hier gar nicht!

94

**Heidelberg**
Traumhafte Neckarstadt

06

**Budapest**
Lass dich treiben und heilen!

**Joker**
Relax, wo du willst

Buda

*Erbaut auf natürlichen heißen Quellen, ist Budapest der Heilbadstatus von Natur aus gegeben. Der Städtetrip wird so zum Spa-Besuch.*

# pest

Im *Szechenyi*-Thermalbad beginnt die Entspannung am schönsten

# Heile, heile Wasser

Unterm Budapester Pflaster brodelt's! Über 100 natürliche heiße Quellen verbergen sich dort. Dieses Potential wissen seit Jahrhunderten alle zu schätzen, von Kelten über Römer und Osmanen bis zu den Hauptstädtern von heute. Sie zieht es in die Thermalbäder, um Rheuma und Muskelschmerz zu kurieren, vom Alltag abzuschalten oder gelassen ausgelassen mit Freunden und Familie zusammenzukommen.

Die Herausforderung in dieser Stadt ist also nicht, sich zu entspannen, sondern den richtigen Ort aus über 50 Bädern, Spas und Pools auszuwählen. Ein absoluter Klassiker und Europas größtes Heilbad heißt *Szechenyi (Állatkerti krt. 9–11 · szechenyibath.hu)* und befindet sich im Stadtwäldchen von Pest. 1913 im überbordenden Stil des Neobarock erbaut, warten dort unzählige Einzelbäder sowie drei riesige Außenbecken (übrigens auch im Winter) auf dich. Sauna, Massagen und Anwendungen gibt es auch. Achtung! Hier badet man gemischt, in Textil und es gilt Badekappenpflicht. Wenn dein Reisegepäck das nicht hergibt, ist dafür sowie für Handtücher und Bademäntel auch vor Ort gesorgt.

# Ungarische Urlaubsträume

## Margarete ist eine Insel

**1**

2,5 Kilometer Insel in zentraler Lage zwischen Buda und Pest. Was ließe sich damit besser anfangen, als Wohnen und Arbeit und Autos auszusperren und diese zum Naherholungsmekka zu erklären? Auf Spaziergängen zwischen den hiermit ausdrücklich empfohlenen Picknicken gibt es kleine Highlights wie eine alte Klosterruine, den Rosengarten oder einen alten Wasserturm zu entdecken. Baden in den Innen- und Außenbecken des Palatinus-Bades (Foto li.) und Gokartfahren geht auch.

*Margareteninsel*

## Kaiserlich speisen

**2**

Lass dich vom britisch-amerikanischen Namen nicht verwirren: Der Nachmittagstee im Café dieses Luxushotels ist eine mondäne Zeitreise in die prunkvolle Geschichte der Donaumonarchie (Foto re.). Um die Wende zum 20. Jahrhundert erbaut, sind Gold, Stuck und Kronleuchter im Speisesaal fast erschlagend. In samtene Polstersessel gebettet lässt du dich aristokratisch von vorn bis hinten bedienen. Zur Livemusik schmecken Sandwiches, kleine Kuchen und hausgemachte Pralinen.

*Afternoon Tea im Café New York · Erzsébet körút 9–11 · newyorkcafe.hu*

# Gestrandet

**3**

Wie in vielen Großstädten ist das Schwimmen im Fluss auch in der Donau bei Budapest nicht empfehlenswert. Der *Római Strand* ist dennoch einen Ausflug wert. Hier kannst du dich erst unter Einheimischen sonnen und dann unter Bäumen auf der Promenade flanieren. Dazu an einer der vielen Buden ein Eis oder das frittierte Hefebrot *lángos* auf die Hand ... Die zum ÖPNV-Netz gehörende Fähre bringt dich für kleines Geld aus dem Zentrum direkt ins Geschehen.

*Római Strand*

# Einfach rundum glücklich

**4**

Der Name der Rooftop-Bar verpflichtet, und zwar zu einer beeindruckenden Rundumsicht über die Dächer von Budapest. Neben Snacks für den mittelgroßen Hunger gibt es souveräne Cocktails, auch mit lokalen Spezialitäten. Zu empfehlen ist der „Ungarische Eisbrecher“ mit heimischem Aprikosenlikör. Im Sommer scheint den ganzen Tag die Sonne aufs Dach. Im Winter werden kleine Iglus aufgebaut, in denen es sich (nach Reservierung) am Wochenende wunderbar brunchen lässt.

*360 Bar · Andrássy út 39 · 360bar.hu*

# Blätterrauschen

**5**

Von hundert auf null in drei Sekunden. So konsequent vermag einen nur die Geräuschkulisse einer Bibliothek runterzuregeln. Im Hauptgebäude der öffentlichen Büchereien Budapests kommst du dazu in den Genuss des neobarocken Umfelds des *Wenckheim-Palasts:* Kronleuchter, Parkett, hölzerne Wendeltreppen, Ohrensessel, und an den Wänden natürlich Bücherregale. Zum Abhängen und Stöbern im früheren Speisesaal oder im Rauchsalon reicht eine kostenlose Registrierung. Wem das zu viel ist, der geht anmeldungsfrei ins ebenfalls beeindruckende Café der Bibliothek.

*Fővárosi Szabó Ervin Bibliothek · Szabó Ervin tér 1. · fszek.hu*

Genug geplanscht? Dann lass den Blick von der Fischerbastei über Budapest schweifen

# Wenn du schon mal da bist …

## Baden macht hungrig!

In der *Zentralen Markthalle*, 1890 erbaut, gibt's alles, was Ungarn an Köstlichkeiten zu bieten hat (Foto re.). Im 1. Stock kannst du dir den berühmten Kartoffel-Hefefladen *lángos* gönnen: am besten typisch ungarisch, mit saurer Sahne und Käse. Bei Souvenirs sollte man kräftig handeln.

*Zentrale Markthalle (Központi Vásárcsarnok) · Vámház körút 1–3*

## Fitness für Null

Sport muss bekanntlich nicht immer etwas kosten, außer einige Kalorien. Umso besser, dass es in Budapest Open-Air-Fitnessstudios gibt, die jedem offenstehen. Besonders beliebt sind die Fitnessgeräte unter der *Margaretenbrücke*, die vor allem Jogger gern in Anspruch nehmen.

*Margaretenbrücke (Margit híd)*

## Prachtboulevard

Hallo, du trampelst da gerade auf einem Unesco-Welterbe herum! Nur zu, denn dazu ist dieser pathetische Boulevard da. Zwischen der Kreuzung *Bajcsy-Zsilinszky út* und dem *Heldenplatz* zeigt die „Champs-Élysées von Budapest" verschiedene Gesichter. Anfangs lädt sie ein zum Windowshopping in Luxusgeschäften, dann, vorbei am Opernhaus, macht sie mit all den Restaurants links und rechts hungrig. Hinterm Oktogon wird sie ruhiger, die Architektur eleganter, bis einen – vor dem Milleniumsdenkmal angekommen – die Weite des Heldenplatzes umhaut.

*Andrássy út, VI. Bezirk*

*Das prächtige Grabmal des Gül Baba ist die nördlichste Pilgerstätte im Islam. Im Frühling und Sommer duftet es nach Rosen – ein Ort der Besinnung mit tollem Ausblick auf Parlament und Co. Am einfachsten ist der Weg von der Straßenbahnhaltestelle Margit híd budai hídfő; romantischer von der Ecke Frankel Leó út/Török utca: Auf der stimmungsvollen Gül Baba utca geht's auf Pflastersteinen steil bergauf, Flipflops und Stilettos also besser im Hotel lassen.*

INSIDER-TIPP
**Gewaltig romantisch**

*Türbe des Gül Baba (Gül Baba türbeje) · Mecset utca 14*

## Handarbeit

*Vass* ist eine Institution. Die handgearbeiteten Schuhe aus dieser Traditionswerkstatt stehen der besten Londoner und Münchner Maßarbeit in nichts nach. Im Laden gibt es fertige Herren- und Damenschuhe – oder man lässt Maß nehmen für einen eigenen Leisten.

*Vass · Haris köz 6*

## Auf dem Wasser

Schipper unbedingt auch mal auf der Donau. Die Linienschiffe des *BKK* verkehren zwischen der Rákóczi-Brücke im Süden, der Innenstadt und Újpest im Norden, im Sommer auch am Wochenende zur Margareteninsel und nach Óbuda. Daneben kann man organisierte Bootstouren und Stadtrundfahrten per Schiff buchen: *Legenda* ist der beliebteste und professionellste Anbieter.

*BKK · bkk.hu*
*Legenda · legenda.hu*

## Beste Aussichten

Hier oben könnte man – vom Panorama hypnotisiert – Stunden verbringen, so grandios ist der Ausblick auf die Stadt. Auch die neoromanische *Fischerbastei* ist ein märchenhafter Hingucker. Fisch suchst du hier aber vergeblich – der Name rührt daher, dass die Bastei auf den Überresten der Stadtmauer des Burgviertels steht, die im Mittelalter von der Fischerzunft gesichert und verteidigt wurde.

*Fischerbastei (Halászbástya) · Szentháromság tér*

## Schwäche für Fisch?

Oder einfach nur Lust auf *halászlé* (Fischsuppe)? Dann ab ins *Stég!* In diesem kleinen, geschmackssicher eingerichteten Restaurant gibt's u.a. Klassiker wie Fish & Chips. Am besten bestellst du aber *keszeg*, eine Karpfenart und ungarische Spezialität. Dazu stehen ungarische Weine auf der Karte.

*Stég · im Gozsdu-Hof, Dob utca 16 · stegfood.hu*

## Voller Erinnerungen

Sie ist die größte Europas: Die „*Große Synagoge*" ist seit ihrer Fertigstellung im Jahr 1859 der Mittelpunkt des jüdischen Lebens in Budapest. In ihrem Hof, wo sich das Holocaust-Denkmal des Bildhauers Imre Varga befindet, wurden Tausende Opfer des Faschismus begraben. Ein Seitenflügel beherbergt das *Jüdische Museum*. Es steht am Ort des Geburtshauses von Theodor Herzl (1860–1904), Begründer des Zionismus. Halt Ausschau nach einem Strommast auf dem Vorplatz der Synagoge. Dort hat Mihály Kolodko in einer ursüßen Ministatue Theodor Herzl mit seinem Fahrrad verewigt.
Schulterfrei darf die Synagoge nicht betreten werden, Männer müssen eine Kippa tragen.

*Synagoge in der Dohány utca (Dohány utcai zsinagóga) · Dohány utca 2 · dohany-zsinagoga.hu · jewishtourhungary.com Museum (Magyar Zsidó Múzeum) · milev.hu*

## Zum Weiterplanschen

Im *Rudas* am Fuß des Gellértbergs trifft Alt auf Neu: Diese Thermalquellen wurden bereits 1292 erwähnt, doch es ist der architektonische Einfluss der Türken aus dem 16. Jahrhundert, der immer noch sichtbar ist. Highlight ist das kleine Panoramabecken auf dem Dach, von dem aus man einen tollen Blick auf die Donau auf der einen und den Gellértberg auf der anderen Seite hat. Am Wochenende wird auch nachts gebadet.

*Rudas-Bad (Rudas fürdő) · Döbrentei tér 9 · de.rudasfurdo.hu*

## Retro-Charme

Im *Bambi* (Foto) ist die Zeit seit den 1960ern stehen geblieben. Das Interieur – rote Ledermöbel, weiße Spitzentischdecken, gelbes Retro-Mosaik – hat noch immer den Charme des realsozialistischen *presszó*-Genres, und auch auf der Karte stehen Klassiker: *melegszendvics* (mit Käse überbackenes Weißbrot mit Ketchup), Debrecziner, Kuchen, Kaffee, Bier und Fruchtsirup. Man kann auf der Terrasse sitzen oder drinnen den alten Herren beim Mühlespielen zusehen.

*Bambi Eszpresszó · Frankel Leó utca 2–4 · Facebook: bambieszpresszo*

## Bei den Stadtpatrioten

Den Stolz auf ihre Heimatstadt bannen die Jungs hinter der Modemarke *BP* enorm lässig im Hip-Hop-Style auf T-Shirts, Caps, Hoodies und Schuhe. Regelmäßig neue Kollektionen für alle Geschlechter – perfekt als cooles Souvenir.

*BP Shop · Wesselényi utca 24 und Hercegprímás utca 6 · bpshop.hu*

## Versteckte Szene

Die Hinterhöfe des alten jüdischen Viertels zwischen Rákóczi út und Király utca sind zur angesagten Nightlifelocation geworden. Überall, wo der Verfall drohte, haben sich alternative „Ruinenkneipen" angesiedelt, so auch das *Szimpla Kert*. Im Sommer ist der Biergarten beliebt, hier kann man auch Wasserpfeife rauchen. Toll ist es, die vielen verrückt ausgebauten Räume zu entdecken. Die legendäre Ruinenbar macht übrigens nachmittags bei einer hausgemachten Limonade am meisten Spaß.

*Szimpla Kert · Kazinczy utca 14 · szimpla.hu*

## Konzertfrachter

Das hört sich jetzt vielleicht komisch an, aber Budapests beste moderne Konzertlocation ist ein altes ukrainisches Frachtschiff namens *A 38*. Genremäßig kannst du dich hier auf Rock, Metal, Punk, Pop, Rap und elektronische Musik gefasst machen. Beim „Random Trip" treten junge Talente auf.

*A 38 · auf der Budaer Seite an der Petőfibrücke · a38.hu*

Superlative und Ort der Andacht: die „Große Synagoge"

Mehr Bedarf an romantischer Aussicht? Dann ist dein Ziel der Burgpalast

**375**
**Meter**
lang ist die Kettenbrücke.

**120**
**Thermalquellen**
sprudeln im Stadtgebiet der Hauptstadt.

**240**
**Jahre**
dauerte die Herrschaft der Türken über Buda und Pest.

**18**
**Prozent**
der Gesamtbevölkerung Ungarns leben in Budapest.

**1896**
nahm die Budapester U-Bahn den Betrieb auf – die erste in Kontinentaleuropa.

**15**
**Minuten**
braucht der Sessellift hinauf zum 527 m hohen János-hegy in den Budapester Bergen.

Leip

***Ganz schön wässrig, dieses Leipzig! Freigelegten Flusslandschaften und zu Seen umgemodelten Tagebau-Kuhlen sei Dank.***

# zig

Die Wasserwege sind schier endlos in Leipzig

# Mit Boot viel los

Wer runterkommen will, muss manchmal die Perspektive wechseln – und das muss nicht mit einem Abstieg verbunden sein. In Leipzig reicht es völlig, wenn du dich auf Wasserniveau begibst und ein Kanu oder Paddelboot besteigst. Die imposanten Villen von Schleußig und Plagwitz machen selten so viel Eindruck wie vom Elstermühlgraben oder dem Karl-Heine-Kanal aus betrachtet. Du schaust lieber auf Grünzeug? Dann nimm die Route über die Pleiße und die Weiße Elster bis zum Cospudener See und durch den Auwald zurück.

Ganz klar eine prima Idee der Stadt, vergessene Flussarme wieder auszubuddeln und mit Kanälen und Schleusen zu verbinden. Allein in der Innenstadt wurden so fast 200 Kilometer Wasserwanderstrecken geschaffen. Ein guter Ausgangspunkt für deine erholsame Erkundungstour ist der *Stadthafen (stadthafen-leipzig.com).* Auf-eigene-Faust-Entdecker leihen sich dort ihr Kanu aus. Wem Streckenplanung zu anstrengend ist, ruht sich als Teilnehmer einer geführten Tour aus. Die variieren je nach Aussicht und Bewegungsbedarf. Auch für dich ist garantiert das Richtige dabei.

# Leipziger Allerlei

## Wasser marsch

1

Auf der Liste der Dinge, die Ruhe und Erholung versprechen, steht Braunkohletagebau nicht ganz oben. Den Bogen zu schlagen vermag jedoch das *Neuseenland* in und um Leipzig. Seit der Kohleabbau in den 1990er Jahren eingestellt wurde, flutet man die Gruben nach und nach, sodass Mensch und Natur sich die Region zurückerobern können. Wonach ist dir? Tauchen und Wasserski? Dann auf zum Kulkwitzer See nach Grünau! Spazieren an der Seepromenade? Markkleeberger See! Oder bevorzugst du kurze Anreise und weißen Sandstrand? Dann ist der Cospudener See (Foto li.) dein Ding.

*Neuseenland · leipziger-neuseenland.org*

## Elefant, Tiger & so

2

Mehr Savanne als im *Leipziger Zoo* (Foto re.) ist außerhalb Afrikas kaum möglich. In sechs liebevoll angelegten Erlebniswelten fühlen sich die Tiere zumindest fast wie zu Hause. Praktischer Nebeneffekt: Die so unterschiedlichen, aber immer grünen Umgebungen gefallen auch uns Menschen sehr. Sparfüchse machen einen Spaziergang durch das ebenfalls schön grüne, angrenzende Rosental – vom Zoo-Schaufenster auf einer kleinen Anhöhe ist der Blick auf Giraffen und Zebras kostenlos.

*Zoo Leipzig · Pfaffendorfer Str. 29 · zoo-leipzig.de*

# Grünes im Grünen

**3**

Acht Quadratmeter reichen aus, um vegane Quiches, selbstgebackenen Kuchen und hausgemachte Limonade über die Theke zu reichen. Größer ist der zum Mini-Café umgebaute, ausrangierte, grün gestrichene Zirkuswagen nicht. Angesichts der wuchernden Wucht rund ums Elsterbecken ist das für eine Verschnaufpause bei der Gewässererkundungstour aber mehr als genug. In den kalten Monaten herrscht allerdings Winterschlaf.

*ZierlichManierlich · Am Elsterwehr · zierlichmanierlich.de*

# Hör zu

**4**

„Augen zu und durch" kann Spaß machen. Das beweist der *Hörspielsommer*. Pack Picknick und Decke ein und leg dich auf die Wiese im Richard-Wagner-Hain! Mehr musst du nicht tun, denn für die Unterhaltung sorgen an den zehn Tagen (und Abenden) im Juli Hörspiele für Kinder und Erwachsene, manche live performt. In drei Wettbewerben treten zudem Profi- und Hobbyhörspieler sowie solche, die junges Publikum begeistern wollen, gegeneinander an. Auch dank dieser Vielfalt ist das Festival das größte seiner Art deutschlandweit. Ach ja: Eintritt frei. Was willst du mehr?

*Leipziger Hörspielsommer · Richard-Wagner-Hain · hoerspielsommer.de*

# Im Lauschrausch

**5**

Die Kombination aus Kirche und klassischer Musik ist die gute Art der Beruhigungstablette. In der berühmten *Thomaskirche* wird die Härte der Kirchenbänke durch die samtweichen Stimmchen der Thomaner-Chorknaben (Foto) ausgeglichen. Sie begleiten die Motetten, wie Profis musikalische Gottesdienste nennen, geben aber auch regelmäßig Konzerte. Das erhabene Gefühl, an der früheren Wirkungsstätte Johann Sebastian Bachs zu weilen, kommt gratis dazu.

*Konzerte in der Thomaskirche · Thomaskirchhof 18 · thomaskirche.org*

Benzin im Blut? Auf dem Porsche-Parcours stehen Testwagen bereit

# Wenn du schon mal da bist …

## Relaxen mit Kunst

Ein Architekt und ein Statistikprofessor tun sich zusammen und rufen in 'nem alten Heizkraftwerk eine großartige Kunst-Location ins Leben. Den „Rundgang" haben Künstler mit faszinierenden Licht- und Objektinstallationen versehen. In zwei Hallen werden in Wechselausstellungen Lichtbilder an die Wände projiziert, sphärische Klänge sorgen für Stimmung. Ein Fest für alle Sinne, und die „Giganten der Renaissance" machen auch Kindern Spaß.

*Kunstkraftwerk · Saalfelder Str. 8b · kunstkraftwerk-leipzig.com*

## Gut behütet

Jeder Hut ein Unikat: Auf dem Spinnereigelände fertigt Angela Wandel Modelle für Frauen und Männer. Der Salon 21 ist nicht nur Werkstatt, sondern auch Showroom.

*Gela-Hüte · Spinnereistr. 7 / Halle 21, Baumwollspinnerei · gela-huete.de*

## Eleganz mit Patina

Vom Garderobenständer bis zur Wandvertäfelung ist im *Café Grundmann* alles original Art déco. Für Croissants und Kuchen kommen die Gäste von weither, Leipzigs Schöngeister treffen sich zu Lesungen, Musik und Stammtisch. Tagesgerichte zum kleinen Preis, Wiener Küche.

*Café Grundmann · Mahlmannstr. 16*

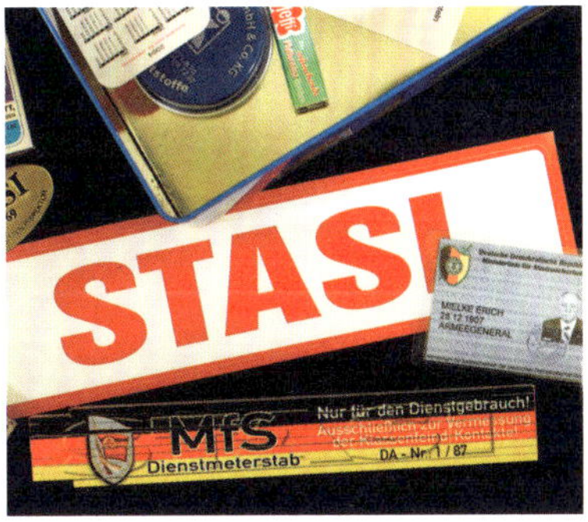


## Im Spielerausch

In Leipzig erlebst du das beliebte Rätseln-und-Ausweg-suchen-Abenteuer im DDR-Ambiente. „Honeckers Albtraum" heißt die Einsteiger-Variante, „Honeckers Rache" das Spiel für Fortgeschrittene. Wer's klassisch mag, bucht „Goethes Geheimnis".

*Room Escape Challenge · An den Tierkliniken 42/Kohlrabizirkus · room-escape-challenge.de*

## Wendegeschichte

… in Reinkultur. In der Nacht zum 5. Dezember 1989 besetzten engagierte Bürger nach einer Montagsdemonstration das Stasigebäude am Dittrichring und machten der Angstherrschaft des DDR-Ministeriums für Staatssicherheit ein Ende. „Macht und Banalität" heißt die Ausstellung (Foto), die das Bürgerkomitee Leipzig in den Amtsstuben des Überwachungsapparats eröffnete.

*Museum in der „Runden Ecke" · Dittrichring 24*

## Gas geben

Manche entspannen ja beim Gasgeben. Das kann man in Leipzig auch. Denn: Autos made in Saxony – das hat Tradition, seit August Horch 1904 seine Motorenwerke in Zwickau gründete. Später wurde dort der DDR-Trabi, die legendäre „Rennpappe", gefertigt. In Leipzigs Norden haben sich nach der Wende Porsche und BMW niedergelassen. Das hat Tausende Arbeitsplätze geschaffen und den Ruf Leipzigs als Autostadt begründet. Im Porsche-Werk werden der Macan und Panamera produziert. Auf zwei Strecken – der Rundstrecke und im Geländeparcours – kannst du die PS-starken Edelkarossen selbst testen.

*Porschewerke · Porschestr. 1 · porsche-leipzig.com*

## Wichtig und schön

Friedensgebete, Lichterketten, Demonstrationen – seit dem Wendeherbst 1989 ist St. Nikolai als Keimzelle der friedlichen Revolution bekannt. Schon immer spielte die älteste erhaltene Kirche Leipzigs eine wichtige Rolle im politischen Leben. Und schön ist sie auch noch: Innen betört die lichte Gestaltung mit korinthischen Säulen, aus denen Palmwedel zu sprießen scheinen. Die erneuerte Ladegast-Orgel mit Spieltisch im Porsche-Design ist hörens- und sehenswert!

*Nikolaikirche · Nikolaikirchhof 3*

*Ein gigantisches 360-Grad-Panorama im alten, 1910 erbauten Gasspeicher: Von einer Plattform in der Mitte betrachtest du Rundbilder zu geschichtlichen oder naturwissenschaftlichen Ereignissen. Bis ins kleinste Detail komponiert der Architekt und Künstler Yadegar Asisi die Darstellungen anhand von Fotos, Zeichnungen und digitalen Daten, bevor sie auf riesige Stoffbahnen gedruckt werden.*

INSIDER-TIPP
Genau hinschauen!

*Oft bringt er in seinen Bildern einen kleinen Scherz unter. So war im Panorama Rom 312 eine Bierflasche versteckt.*

*Panometer · Richard-Lehmann-Str. 114*

## Große Arien im Park

Wer es nicht geschafft hat, Karten für das Gewandhausorchester (Foto) zu bekommen: Unter dem Motto „Klassik Airleben" picknickt Jung und Alt im Rosental und hört dabei italienische Arien, begleitet vom weltweit größten Ensemble aus Berufsmusikern.

*Gewandhausorchester · gewandhausorchester.de*

## Kunst im Bad

In die alte Eisengießerei vom Westwerk, einem ehemaligen Industriekomplex, ist das *Kaiserbad* eingezogen. Der große Gastraum ist Wohn- und Esszimmer der Plagwitzer Kreativszene. In der Fabrik nebenan haben Künstler ihre Ateliers, in der Werkhalle finden Happenings statt. Du wirst am coolen Ambiente und unkomplizierten Essen deine Freude haben. Perfekt am Anfang einer langen Nacht in Plagwitz.

*Kaiserbad · Karl-Heine-Str. 93 · kaiserbad-leipzig.de*

## Immer schön korrekt bleiben!

Das *IfZ* wird schon mal mit dem Berghain in Berlin verglichen, aber das hören die bescheidenen Betreiber nicht gern. Sei's drum, die Beats in den Kühlräumen eines ehemaligen Heizkraftwerks lassen dein Innerstes vibrieren, dazu kommen eine coole Bar im unterkühlten Sichtbeton-Look, Darkroom und ziemlich belebte Unisex-Toiletten. Vor 3 Uhr ist das IfZ im Dornröschenschlaf, doch dann vergisst du die Zeit, bis es wieder hell wird. Die Betreiber legen Wert auf korrektes Verhalten: Grabschen, Stalken oder andere Anmache werden postwendend geahndet. In unregelmäßigen Abständen auch politische Veranstaltungen.

*Institut für Zukunft · An den Tierklinken 38–40 · ifz.me*

## Genug entspannt!

Jetzt darf der Adrenalinspiegel mal wieder steigen, am besten beim Bodysurfen, Wellenreiten und Rafting (Foto) durch die Wildwasserkanäle am *Markkleeberger See*. Kinder ab 12 J.; Anmeldung notwendig.

*Kanupark Markkleeberg · kanupark-markkleeberg.com*

## Das ist Leipzig

... wie es leibt und lebt. An der Lützner Straße tobt der Verkehr, die Häuser sind grau und verfallen. Du gehst durch eine Toreinfahrt, an der kaum sichtbar das Schild „Neues Schauspiel" angebracht ist. Links eine Brandmauer, vorn ein überdachter Grillplatz, rechts der schmale Eingang in ein Industriegebäude Du gehst die Treppe hoch, und schon stehst du in einer urgemütlichen Kneipe. Bestell dir ein kühles Bier oder einen Rotwein, und *Tante Manfred* wird dich so schnell nicht mehr aus ihren Armen entlassen. Im Theatersaal hinter der Kneipe hat das English Theater Leipzig seinen festen Spielort.

*Tante Manfred · Lützner Str. 29*

Erlebnis der klassischen Art: ein Konzert im Gewandhausorchester

Regen? Juckt dich nicht, du flanierst durch Leipzigs Passagen, z. B. die Mädlerpassage

**78**
**Prozent**

der Leipziger sind laut einer Umfrage mit ihrem Leben „zufrieden“ bis „sehr zufrieden“.

**1300**
**Streitsachen**

hat das Bundesverwaltungsgericht mit Sitz in Leipzig 2019 erledigt.

**3**
**Millionen**

Honigbienen summen auf dem Offroad-Gelände von Porsche.

**300.000**
**Menschen**

marschierten am 23. Oktober 1989 zur größten Montagsdemonstration durch Leipzig. Wahrscheinlich sogar mehr.

**185**
**Berufsmusiker**

spielen im Gewandhausorchester.

**91**
**Meter**

hoch ist das Völkerschlachtdenkmal.

# To

# kio

*Hochhaus trifft Garten, Buch trifft Bier, Reis trifft Hand: Japans Hauptstadt setzt beim Erholen auf ungewöhnliche Kombinationen sowie Tradition.*

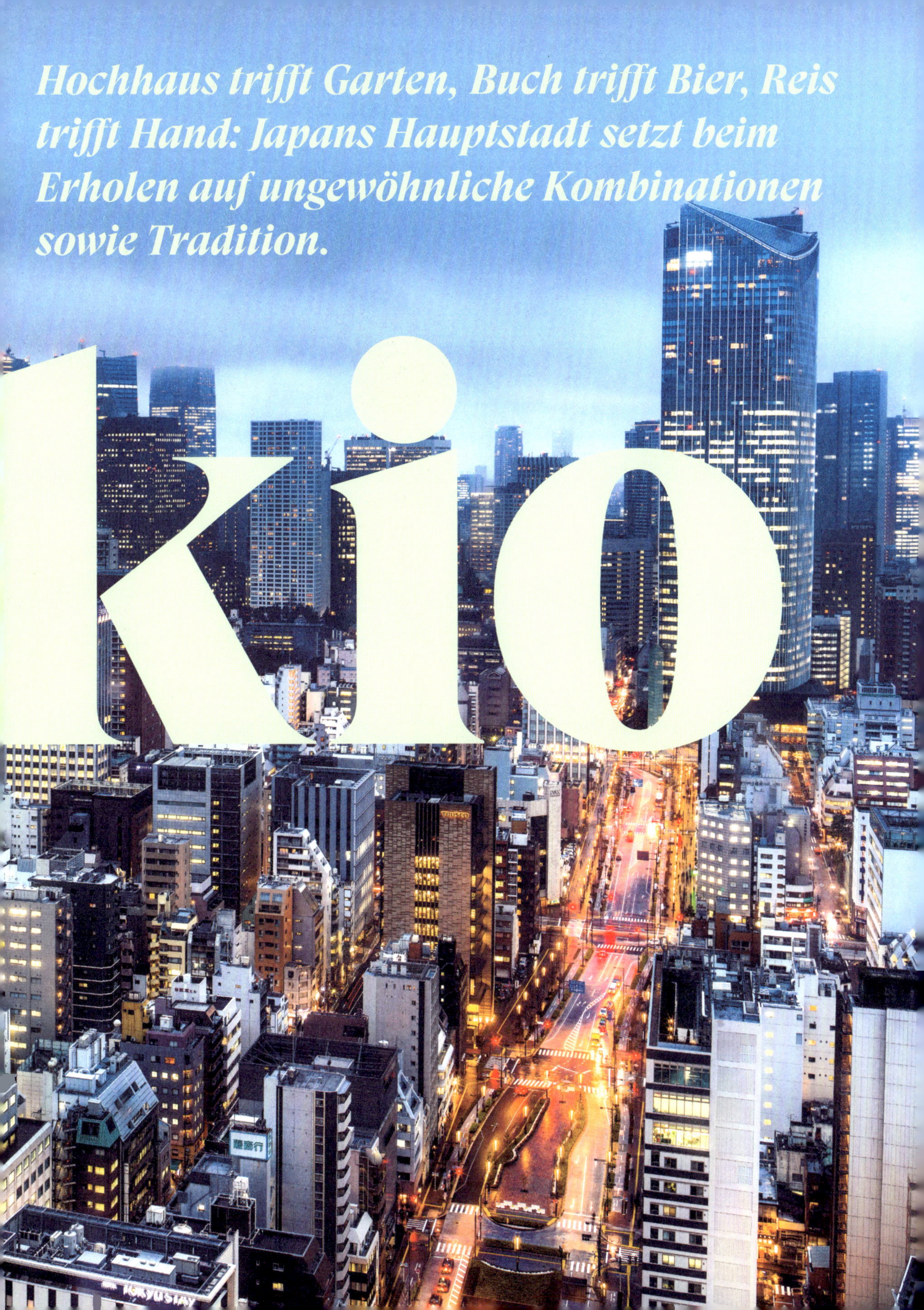

# Form schön

Die einen töpfern, die nächsten stricken, und manche sollen beim Zusammenzimmern von Vogelhäuschen zur Ruhe finden. Egal, welcher Typ Handarbeit du bist, – sie entspannt. In Japan lässt sich das Handanlegen mit dem Einblick in traditionelle Kulturtechniken verbinden.

Klebriger Reis, roher Fisch, vergorenes Soja: Dass daraus etwas so Leckeres wie Sushi entsteht, ist ein wahres Wunder. Dem Geheimnis auf die Spur begibst du dich in der *Tokio Sushi Academy (4 Chome-7-5 Tsukiji · sushimaking.tokyo).* Im 90-Minuten-Schnelldurchlauf machst du dich mit den elementaren Zutaten sowie der Kunst des Nigiri-Formens vertraut. Für mehr Details und professionelles Fischfilettieren brauchst du allerdings den vierwöchigen Fortgeschrittenenkurs.

Tradition und Handarbeit klingen gut, aber du lebst vegan? Kein Problem. Das *Origami Kaikan (1-7-14 Yushima · origamikaikan.co.jp)* ist eine Mischung aus Galerie, Souvenirgeschäft und Lehrstätte für die Kunst des gefalteten Papiers. Goldfisch, Blume oder der Klassiker Kranich? Beherrschst du nach dem Besuch des Workshops alle.

# Tokio total

## Gesundheit!

**1**

Es hat auch Vorteile, wenn unter der Erdoberfläche Vulkane schlummern. Das Wasser, das von dort nach oben sprudelt, ist beispielsweise gut temperiert. In Japan heißen solche Quellen Onsen; um sie herum hat man ganze Thermalbad-Landschaften konstruiert. Das *Oedo-Onsen-Monogatari* (Foto li.) bietet diverse Becken drinnen und draußen, damit deine Muskeln sich entspannen und deine Durchblutung auf Trab kommen kann. Massagen und Saunagänge kannst du dazu buchen. Achtung: Wie in den meisten Onsen ist der Zugang für Tätowierte leider gesperrt.

*Oedo-Onsen-Monogatari · 2 Chome-6-3 Aomi · daiba.ooedoonsen.jp*

## Mehr als nur Tee

**2**

Mit einem Park, in dem sich Hochzeitspaare gern fürs Fotoalbum ablichten lassen, kann man nichts falsch machen. Der *Happo-en* ist ein Vorzeigeobjekt der japanischen Gartenkunst und dementsprechend wunderschön. Für die perfekte Auszeit buchst du im Teehaus eine traditionelle Teezeremonie (Foto re.). Dabei darfst du Profis zusehen, die in aller Ruhe und mit wohlbedachten Handgriffen Matcha-Tee aufschlagen, und im Anschluss kannst du diesen sowie Gebäck probieren.

*Teezeremonie im Garten Happo-en · 1 Chome-1-1 Shirokanedai · happo-en.com*

# On top of the shops

### 3

Unten Shoppingcenter, oben Gartenanlage im englischen Stil. Schon erstaunlich, wie weit weg eine Metropole scheinen kann, wenn man auf dem Dach eines Hochhauses von Rosen, Rasen und Springbrunnen umgeben ist. Sogar eine kleine Tierwelt hat sich angesiedelt, deren Gesumm, Gebrumm und Gezwitscher du lauschen kannst. Das war eine gute Idee der Marui-Kaufhauskette, ihr Hauptgebäude so zu krönen. Der Zugang zum Garten ist kostenlos, der Ausblick auf Tokio unbezahlbar.

*Q-Court: Marui Rooftop Garden · 3-30-13 Shinjuku · 0101.co.jp*

# Cat-Content

### 4

Die Japaner mögen kuriose Kombinationen: Schlafen in der U-Bahn, musizierende Toiletten oder eben Katzencafés. Schon vor Jahren haben sie erkannt, dass Tiere zu streicheln ungemein beruhigt. In den zahlreichen Filialen von Mocha kannst du dazu Kaffee trinken und im skandinavischen Design der Cafés eine Auszeit von Tokios Lichtreklame-Dauerbeschallung nehmen. Zur Katzenfütterung gibt es Termine; bitte nicht selbst die Versorgung übernehmen.

*Mocha · 1-14-25 Jingumae 4F · catmocha.jp/concept*

# Hier spielt die Musik

### 5

Als während des Zweiten Weltkriegs der Bedarf nach Musik groß, doch der Zugang zu Langspielplatten beschränkt war, kam in Tokio die Stunde der *Meikyoku kissa* – zu übersetzen mit „Meisterwerke" und „Café". Hier ist die Musik nicht die Begleiterscheinung, sondern der Star. Im *Lion* ist man dieser Tradition bis heute treu. Auf zwei Stockwerken tönt aus drei Meter hohen Holzlautsprechern Klassik, die Umgebung ist ein Vergangenheit atmender, holzvertäfelter Kronleuchter-Traum. Genau der richtige Ort, kurz durchzuatmen und den Lärm der Großstadt vor der Tür zu lassen. Apropos: Raus muss jeder, der quatschen will. Getränke werden flüsternd bestellt.

*Meikyoku Kissa Lion · 2-19-13 Dogenzaka · lion.main.jp*

Farbschauspiel: Tokio zur Kirschblütenzeit

# Wenn du schon mal da bist …

## Rein ins Gewimmel

Genug entspannt, jetzt wird's laut! Es gibt wohl keine Straßenkreuzung, die häufiger fotografiert oder gefilmt wird als die *Shibuya Scramble Crossing* vor dem gleichnamigen Bahnhof. Das Gewimmel mit Menschenmassen und Megabildschirmen muss man einfach erlebt haben, um es zu glauben. Hier beginnt das Epizentrum von Japans Jugendkultur. Horden von Oberschülerinnen bevölkern dieses Teeny-Wonderland, das Konsum- und Entertainmentparadies.

*Shibuya Scramble Crossing · Bahnhof Shibuya*

## High- und Oldtech

Japaner lieben Technik und Elektronik, und *Akihabara* übt auf sie magische Anziehungskraft aus. Das Viertel bietet Hunderte von Discountgeschäften mit neuester Hightech, zudem längst verschwunden geglaubte Technik.

*akiba.or.jp/english*

## Kneipentour

Früher gab es sie überall, aber sie sind in Tokio selten geworden: Die „Yokochō" genannten Cluster kleiner und kleinster Kneipen. Die authentischsten findet man in *Ebisu*, gleich am Bahnhof und dennoch gut versteckt. Die Kneipen gehen fließend ineinander über, es gibt diverse Spezialitäten zu essen und die Atmosphäre ist immer ausgelassen – hier kommt man sehr schnell ins Gespräch mit Japanern.

*Ebisu Yokocho · 1-7-4 Ebisu · Shibuya-ku*

## Rasant nach oben

Genau 634 m ragt der „Himmelsbaum", der größte freistehende Funkturm der Welt, in die Höhe und lässt damit die übrigen Hochhausriesen der Hauptstadt wie kleine Geschwister wirken. Bereits Monate vor der Eröffnung waren die Tickets auf Wochen ausverkauft. Kein Wunder, denn der Blick auf die gesamte Kanto-Region aus 350 bzw. 450 m Höhe ist unschlagbar. Wer sich nicht die Beine in den Bauch stehen möchte, meldet sich am Fast-Skytree-Ticketschalter: Geht viel schneller (und kostet etwas mehr). Im Sockel des Turms sowie in den angrenzenden Gebäuden gibt es Hunderte Shops, Lokale, das Sumida-Aquarium mit Quallenschule und vieles mehr. Schon die Aufzüge, teilweise mit Glasdach, sind ein Hingucker.

*Tokyo Skytree · 1-1-13 Oshiage · Sumida-ku · tokyo-skytree.jp/en*

## Vergangene Zeiten

Wenn es dir partout nicht gelingen will, im Beton-Häusermeer noch einen Hauch des alten Edo zu verspüren, kannst du mit einem Spaziergang zu diesem kleinen schwarz-weißen Bau am südlichen Rand des Ueno-Parks etwas nachhelfen. Straßenszenen, Einblicke in Werkstätten, Läden und Wohnräume, Alltagsutensilien und Fotos aus der Zeit vor dem großen Erdbeben von 1923 helfen der Phantasie auf die Sprünge.

*Shitamachi Museum · 2-1 Ueno Koen · taitocity.net/zaidan/shitamachi*

*Du bist fasziniert von Kimonos? Ein neuer aus Seide kostet wenigstens 3500 Euro – Gürtel (obi), Unterkleider usw. kommen noch hinzu. Secondhandkimonos erhält man mit etwas Glück schon ab 40 Euro. Noch preiswerter sind Exemplare aus Baumwolle (yukata). Es geht aber auch so: Eine Tour im Kimono inklusive Fotoshooting organisiert von einer deutschen Kimono-Expertin. Nicht ganz billig, aber ein ganz besonderes Japanerlebnis.*

**INSIDER-TIPP**
**In eine andere Rolle schlüpfen**

*salz-tokyo.com/kimono-experience-tours-workshop*

## Das traditionelle Tokio

Geishas tippeln nicht mehr viele durch die Straßen des Viertels, doch rund um den *Sensōji-Tempel* kannst du noch den Flair des alten Tokio spüren. Er ist bis heute das Zentrum des früheren Vergnügungsviertels Asakusa. Wie eng hier geistige Funktion und weltlicher Handel zusammenhängen, erfährt noch jeder Besucher, der an Wind- und Donnergott vorbei durch das mächtige Südtor Kaminarimon (Donnertor) unter der gewaltigen roten Laterne hindurch die Ladenstraße Nakamise betritt.

*Sensōji · 2-3-1 Asakusa · Taitō-ku*

## Ganz schön groß

Einer der größten Clubs Asiens. Die Haupttanzfläche bietet über 2000 Leuten Platz, mit extrem guter Sound- und Lichtanlage. Auf drei weiteren Tanzflächen, an vier Bars, in drei VIP-Räumen und im Pool geht die Post ab. Einziger Nachteil: Die Clubperle liegt etwas abseits. Kostenlose Shuttlebusse fahren ab Shibuya ab 23 Uhr. Platzkarten gibt es am Bus.

*Ageha · 2-2-10 Shinkiba · Koto-ku · ageha.com*

## Viel Fisch, wenig Reis

Nur wenig Reis, aber dafür reichlich frischer Fisch – diese schlichte Formel hat den Ruf dieser Sushi-Institution in der Nähe des Fischmarkts begründet. Du bist wagemutig und deine Reisekasse strapazierbar? Dann frag nach den Spezialitäten des Tages.

*Edogin · 4-5-1 Tsukiji · Chūō-ku*

## Handgeschriebenes auf 19 Stockwerken

Seit 1904 eine Institution: In zwei Gebäuden auf insgesamt 19 Stockwerke verteilt, findest du hier eine riesige Auswahl an farbenfrohem Washi-Papier, Kalligrafiepinsel, Tusche, kleine Lederwaren und ausgefallene Taschenplaner. Schreibwarenfans können hier ganz locker einen Tag drin verbringen (Foto).

*Itōya · 2-7-15 Ginza · Chūō-ku*

## Vier Etagen zum Stöbern

... voller Manga, Cosplay-Utensilien, Bastelsachen, Spielzeug. Spielzeug-, Manga-, Anime- und Bastelfans finden hier ihr Paradies. Dutzende Läden reihen sich aneinander in einem sehr stilvollen, da schon etwas älteren Kaufhaus, dem Nakano Broadway. Mandarake Hen'ya im 4. Stock lockt mit einem Mini-Schreintor in eine Welt voller „Kankyara" – Firmenmaskottchen, zum Teil noch aus der Vorkriegszeit und zwischen ein Dutzend und ein paar Tausend Euro kosten können. Könnte genauso gut als Nostalgiemuseum durchgehen ...

*Mandarake Nakano · 5-52-15 Nakano · Nakano-ku · mandarake.co.jp*

## Flinke Köche

Bei *teppanyaki* werden Fleisch, Meeresfrüchte oder Gemüse auf der heißen Platte gebraten. Die Schnelligkeit der Köche ist beeindruckend. Bestens gelaunter Service, lebhafte Atmosphäre. Im *Teppanyaki Ten* ist ein Platz am Tresen unbedingt empfehlenswert – hier kannst du den Köchen direkt zuschauen.

*Teppanyaki Ten Ginza 6-Chome · 6-14-5 Ginza · Chūō-ku*

## Fromme Wünsche

Kaum ein zweites Bauwerk in Tokio ist so elegant wie der *Meiji-Schrein*. 100.000 Büsche und Bäume schirmen ihn ab von der Hektik der Stadt. Rechts von der Haupthalle hängen unzählige Votivtäfelchen. Häng eines dazu: Japans Shintō-Götter scheren sich überhaupt nicht um Sprachbarrieren! Im Schrein finden häufig Zeremonien und Festivitäten statt, die unbedingt einen Besuch wert sind. Termine stehen auf der Website.

*Meiji-Schrein (Meiji-jingū) · Yoyogi-Kamizono-cho · meijijingu.or.jp/english*

Im Meiji-Schrein bleibt der Großstadttrubel vor der Tür

Alltag aus, Kulturschock an im Entertainmentviertel Shibuya

## 330 Inseln

gehören zum Stadtgebiet von Tokio.

## 126 Kaiser

herrschten seit dem legendären Tennō Jimmu (660–585 v. Chr.) bis heute über Japan.

## 47 Prozent

aller dreißigjährigen männlichen Einwohner Tokios sind Singles. Und 36% aller Frauen diesen Alters.

## 45.000 Taxis

sind in Tokio unterwegs. Nur 10.000 weniger als in ganz Deutschland.

## 1868

Das Jahr, in dem Tokio seinen heutigen Namen erhielt. Davor hieß es Edo.

## 17 Quadratmeter

hat eine Standardwohnung in Tokio.

Oxf

# ord

*Bibliotheken als Rückzugsoasen, Parks zum Sinnier-Spazieren und ein Hauch Magie. Das bietet Oxford nicht nur Studierenden.*

Atme Bücherduft und genieß die Ruhe in der ehrwürdigen Bodleian Library

# Hi, Hogwarts!

Nein, das sind nicht Harry Potter und Ron Weasley, die hinter dem Regal ihre Köpfe zusammenstecken. Aber sie könnten es sein. Joanne K. Rowling ließ sich schließlich von der Oxforder Unilandschaft zu ihrer Zauberwelt inspirieren. Später kehrte das Filmteam zu Dreharbeiten an diese Orte zurück. Für Kinofans sowie die Hermine Grangers unter uns, die der Geruch alter Bücher richtig glücklich macht, ist der Besuch der *Bodleian Library (Broad Street · bodleian.ox.ac.uk)* Pflicht. Alle anderen erfreuen sich an der Tiefenentspannung, die einen beim sanften Blätterrauschen in einer Bibliothek automatisch befällt. Vergiss im Angesicht der tollen Architektur aber bitte das Atmen nicht.

Gedrucktes wird seit 1602 gesammelt. Über 13 Millionen Exemplare inklusive Magna Charta und Original-Gutenberg-Bibel sind seitdem zusammengekommen. Der Tradition gemäß müssen neue Nutzer schwören, den Büchern nicht zu schaden und niemals Feuer mit in die Bibliothek zu bringen. Für Kurzzeitbesucher wie dich reicht es jedoch, rechtzeitig eine der beliebten Führungen durch das beeindruckende Gesamtkunstwerk zu buchen.

# Zauberhaftes Oxford

## Sag mir, wo die Blumen sind

1

Von einem Kräutergarten am Ufer des Cherwell zu einer der vielfältigsten Pflanzenansammlungen der Welt hat es der *Botanische Garten* der Uni in seiner 400-jährigen Geschichte gebracht. Hier ließen sich J. R. R. Tolkien zu „Mittelerde“ und Lewis Carroll zu „Alice im Wunderland“ inspirieren. Du bewunderst im tropischen Lilienhaus Seerosen (Foto li.) und Bananenstauden und vergleichst in den geografischen Themenbeeten die Pflanzenpracht Neuseelands mit der Südamerikas. Im Sommer kommst du am Sonntagvormittag, um zwischen Pflanzen unter Anleitung zu meditieren.

*Oxford Botanic Garden · Rose Lane · obga.ox.ac.uk*

## It’s tea o’clock

2

Großbritannien legt Wert auf Traditionen. Ohne *tea time* am Nachmittag geht da nichts. Im altehrwürdigen *Randolph Hotel* (Foto re.) versinken deine Füße erst im zentimeterdicken Teppich, dann du im Ohrensessel des Salons. Zwischen Strukturtapete und Ölschinken, direkt unterm Kronleuchter, lässt du dir Scones, Gurkensandwiches, Passionsfruchttörtchen und natürlich die Teeauswahl schmecken. Purer Luxus plus bestes Essen ergeben zusammen britische Glückseligkeit.

*High Tea im Randolph Hotel · Beaumont Street · randolphhotel.co.uk*

# Pferde vor Flusslandschaften

**3**

Saftige Wiesen, durch die sich die Themse schlängelt. Wildpferde grasen, die Luft ist frisch. Pfade und Brücken, denen kein Instagram-Filter etwas hinzuzufügen vermag. Und all das nur einen Spaziergang vom Stadtzentrum entfernt. Die Oxforder wissen, warum sie zur Naherholung seit Jahrhunderten nach *Port Meadow* pilgern. Du tust es ihnen gleich – Kamera nicht vergessen! Denn Bilderbuch-britischer wird's, zumindest landschaftlich gesehen, auf dieser Reise nicht (Foto re.).

*Port Meadow · Walton Well Road*

# Geistreich

**4**

Ein Trip nach Großbritannien ohne den Besuch einer Destillerie ist wie Sonntagskaffee ohne Kuchen: möglich, aber sinnlos. *The Oxford Artisan Distillery* (Freunde dürfen „TOAD" sagen) kennt sich mit Gin, Wodka und Whiskey aus. Du buchst die 90-minütige *Founder's Tour* und lässt dich von einem der sehr lustigen Gründer durch die hübschen Gemäuer und in die Kunst der Schnapsbrennerei einführen. Genug gelernt! Eine Spirituosenverkostung zum entspannenden Abschluss gehört ebenfalls dazu.

*The Oxford Artisan Distillery · South Park, Cheney Lane · spiritoftoad.com*

# Wunder dich

**5**

Durch den Schrank nach „Narnia" oder zum Tee mit „Alice im Wunderland"? Oder doch per virtuellem Rundflug erkunden, wie Oxford britische Geschichtenerzähler von Lewis Carroll bis J. R. R. Tolkien auf ihre Ideen brachte? Das Museum ist ein liebevolles Sammelsurium an Phantasiewelten. So gut aufgehoben hast du dich zuletzt gefühlt, als Mama abends noch einen Kakao ans Bett brachte. Heute bist du dem Peter-Pan-Pyjama zwar entwachsen, doch keine Sorge: Zur Reise in die Wunderwelt der Vorstellungskraft sind explizit auch große Menschen eingeladen.

*The Story Museum · Rochester House, 42 Pembroke Street · storymuseum.org.uk*

# Wenn du schon mal da bist ...

## Fang den Schnatz

*Quidditch* gibt's auch in der Welt der Muggel. Es werden sogar Weltmeisterschaften in dieser ungewöhnlichen Sportart ausgerichtet. Willst du mal zusehen? *No problem* – zweimal pro Woche wird in den University Parks trainiert.

*Oxford University Quidditch Club · ouqc.uk*

## Er hat die Haare schön

Gibt's was Cooleres, als sich die Mähne beim *Oxford-University-Barbier* stutzen zu lassen? In der ersten Etage des Herrenausstatters Walter's findest du den 1869 etablierten *Men-only*-Salon, zu erkennen an der kultischen rot-weiß gestreiften Drehsäule. Lass dich von Meisterbarbier Jackie in einen *typical English gentleman* verwandeln – frisurmäßig jedenfalls!

*Oxford-University-Barbier · 10 Turl Street · walters-oxford.co.uk*

## Kultkabuff

Ein unscheinbarer Torbogen in der allerhintersten Ecke des University Museum of Natural History führt ins *Pitt Rivers Museum*. Das vollgestopfte, schummrige Kultkabuff hält allerlei Überraschungen bereit: Ex-General und Hobby-Indiana-Jones Augustus Pitt Rivers bunkerte alte Knarren, sexy Federmäntel, Seehunddärme, vorsintflutliche Tattoostecher-Ausrüstungen, auch eine Hexe in der Flasche, Schrumpfköpfe und, und, und ...

*Pitt Rivers Museum · S Parks Road · prm.ox.ac.uk*

*Im relativ kleinen, 1314 gegründeten Exeter College findest du den besten Ort für ein Selfie in ganz Oxford! Geh einfach gegenüber im Front Quad durch eine Tür mit der Aufschrift „Fellows' Garden": Oben von der Mauer hast du einen umwerfenden Blick auf die ganz nahe Radcliffe Camera. Das Exeter College ist Alma Mater von „Herr der Ringe"-Autor Tolkien, später langjähriges Mitglied im Literatenstammtisch im Pub Eagle and Child.*

INSIDER-TIPP
Perfekte Fotokulisse

*Exeter College Turl Street · exeter.ox.ac.uk*

## Unikat

Über die winzig-verwinkelte St Helen's Passage erreichst du Oxfords bekanntestes Geheimnis, *The Turf* (Foto). Krummer und schiefer Pub mit vielen gemütlichen Ecken und beheizten Innenhöfchen. Überdurchschnittlich gutes Essen. Beliebt bei Studentenpulks.

*Turf Tavern · 4–5 Bath Place*

## Einstein was here

Wow – das älteste Unimuseum der Welt! Im *Museum der Geschichte der Wissenschaft* kann man wundersame Instrumente vom Mittelalter bis zum 19. Jh. bestaunen, darunter skurrile Himmelsmessgeräte, ein anatomisches Handmodell aus dem 16. Jh., Lewis Carrolls Kamera, erstes hergestelltes Penicillin und viele andere Kuriositäten. Im Keller hängt eine 1931 von Albert Einstein bei einem Oxford-Besuch bekritzelte Tafel. Lösungshilfe für die Einstein-Formel: L. J. steht für Lichtjahre!

*Museum of the History of Science · Broad Street · mhs.ox.ac.uk*

## Trendig?

Immer. Eine Menge Geld ausgeben? Nie! Die von graffitibedeckten Fassaden flankierte *Cowley Road* punktet mit angesagten Hipsterläden und internationalen Restaurants. Allerhand tolle Sachen, Kulinarisches aus aller Welt zum Genießen und Sattessen – aber nicht Armwerden.

*Cowley Road*

## Ehrwürdig schräg

Fabeltiermythen, Harry-Potter-Kulisse, ein quietschender Hügel – schräger als im mittelalterlich ehrwürdigen *New College* geht's selbst in Oxford selten zu. Zu den skurrilen Objekten, die sich im Lauf der Jahrhunderte im New College angesammelt haben, sollen auch zwei Einhörner gehören, aber es sind doch wohl eher Narwal-Stoßzähne. Schade eigentlich! Der Kreuzgang aus dem 14. Jh. führt dunkel-spukig über Grabplatten, ausrangierte bröckelige Heiligenfiguren aus der St Mary's Church leisten Gesellschaft. Im Cloister Quad steht eine Steineiche – sie spielte bei Harry Potter mit.

*New College · Eingang Mitte Okt.–Mitte März Holywell Street, Mitte März–Mitte Okt. am Ende der New College Lane · new.ox.ac.uk*

## Schlips gegen Bier

Kopf einziehen! Im winzigen Pub (Foto) – angeblich der älteste von Oxford – ist nicht viel Platz, hochkant wie quer, dafür aber tonnenweise Atmosphäre. Hat's hier eine wilde Karnevalistin bei der Weiberfastnacht übertrieben?! Nein – die zigtausend abgeschnittenen Krawatten an den Wänden sind das Resultat eines Tauschgeschäfts – Schlips gegen Bier. Prasselndes Holzfeuer und die besten Fish & Chips der Stadt.

*The Bear · 6 Alfred Street · bearoxford.co.uk*

## Coffee to go?

Nein, danke! Im grandios gestylten *The Grand Café* nimmt man sich Zeit zum Genießen. Wo sich 1650 das älteste Kaffeehaus Oxfords befand, kannst du heute in schöner Atmosphäre zwischen Marmor- und Goldblattdeko deinen *High Tea* mit Petits Fours, Champagner oder einem Cocktail genießen.

*Grand Café · 84 High Street · thegrandcafe.co.uk*

## Halbes Wildschwein mit Hut

Absolutes Shopping-Highlight mit außergewöhnlichen Angeboten, alles von halben Wildschweinen und seltenen Käsespezialitäten über abgefahrene Klamotten bis hin zu Blumenbouquets. Verschaff dir zuerst einen Überblick vom *Georgina's Café* aus, kleide dich dann bei *Burrows and Hare* (für ihn) und bei *Next to Nothing* (für sie) ein, lass dir in der *Hat Box* eine Kopfbedeckung maßschneidern, und erhol dich dann bei einer traditionellen englischen Pastete von *Pieminister*.

*Covered Market · Market Street · oxford-coveredmarket.co.uk*

## Auf die Couch

Ich, Es und Über-Ich gehen in eine Kneipe ... kein Witz! Die Cocktails heißen zwar nicht „Penisneid", „Todestrieb" und „Phallussymbol", würde aber passen in dieser nach dem Vater der Psychoanalyse benannten ehemaligen griechisch-neoklassizistischen Kirche! Die dicken Säulen vorm Tempel glimmen diffus blau? Dann ist offen und du kannst im Großraum-Interieur trinken, chatten und abtanzen. Mehr *shabby* als *chic* – kein Dresscode, auf Drinks mit „F" gibt's Studentenrabatt. Danach zum Aufarbeiten der Erlebnisse auf die Analysecouch?

*Freud 119 · Walton Street · facebook.com/freudoxford*

## „Nicht wegschmeißen"

... ist Programm im angesagten Concept-Store. Nützliches für Küche, Garten, Arbeit sowie zum Spielen und Relaxen. Haushaltshelfer und Alltagsgegenstände, schön, hochwertig und langlebig – besser lässt sich Form und Funktion nicht verbinden.

*Objects of Use · 6 Market Street · objectsofuse.com*

## Hochkultiviert

Kaffee oder Gourmetmenü: Im Rooftop-Restaurant *Benugo* des Ashmolean Museum speist man hoch oben, kultiviert und zu Jazzbegleitung. Die fünf Etagen Kunst und Kultur darunter sind nicht nur für Bildungs-Nerds sehenswert.

*Benugo · Beaumont Street · benugo.com · ashmolean.org*

New College: Filmkulisse und Inspiration für J.K. Rowling

Einer dieser Absolventen-Hinterköpfe könnte der nächste Nobelpreisträger sein

# 28
## Premierminister

haben in Oxford studiert.

# 40.000
## Studenten

sind in Oxford eingeschrieben.

# 38
## Colleges

hat die Universität.

# 176
## Kilometer

Regale sind nötig, um die Bücher in der Bodleian Library aufzustellen.

# 9
## Staffeln

mit insgesamt 33 Episoden wurden von „Lewis – Der Oxford Krimi“ gedreht.

# 80
## Siege

hat der Oxford-Achter bislang beim legendären Boat Race auf der Themse gegen Cambridge errungen. Die gewannen allerdings schon 84-mal.

„Ob Stadt
Hauptsac
entspann

Friedrich Chiller

ob Land,

e tiefen

"

.

Ista

*Schon Konstantinopel verstand sich auf Wellness und Entspannung. Istanbul pflegt diese Tradition (und damit seine Besucher) bis heute.*

# nbul

1-A-Entschleunigung: Lass dich gemütlich kutschieren auf den Prinzeninseln

# Von verbannt zu verdammt entspannt

Möwen kreischen, das Haar weht im Fahrtwind der Fähre. Zur Rechten siehst du Sonne und Istanbuls Skyline den Tag beginnen. Vor dir liegt ein Tag am Meer. Klingt unwiderstehlich? So ist ein Ausflug auf die *Prinzeninseln (adalar.bel.tr)* – eine Gruppe von neun Inselchen im Marmarameer. Seinen Namen verdankt das liebste Ausflugsziel der Istanbuler einer royalen Tradition. Im Osmanischen Reich gab es viele Fürstenkinder, aber nur einen Thron. Konkurrenten wurden auf die Inseln abgeschoben. Traurig, aber für dich mit dem Vorteil verbunden, dass du heute deren Verbannungspaläste bestaunen kannst.

Außerdem im Angebot: Wanderwege durch grüne Hügellandschaften, schöne Strände und eine Auszeit vom Verkehrslärm. Die etwa 15.000 Einwohner der vier bewohnten Inseln dulden nämlich keinen Autoverkehr. Rum kommst du zu Fuß, mit dem Rad oder per Kutsche. Die perfekte Gelegenheit, das meditative Potential von Pferdegetrappel zu testen. Um unnötigen Stress zu vermeiden, belässt du es bei zwei Inseln pro Tag. *Büyükada* ist die größte und beliebteste. Ruhiger geht es auf *Burgazada* und *Heybeliada* zu. Vom Anleger Kabataş auf der asiatischen Seite kommst du per Fähre hin.

# Türkisch für Wellness-Anhänger

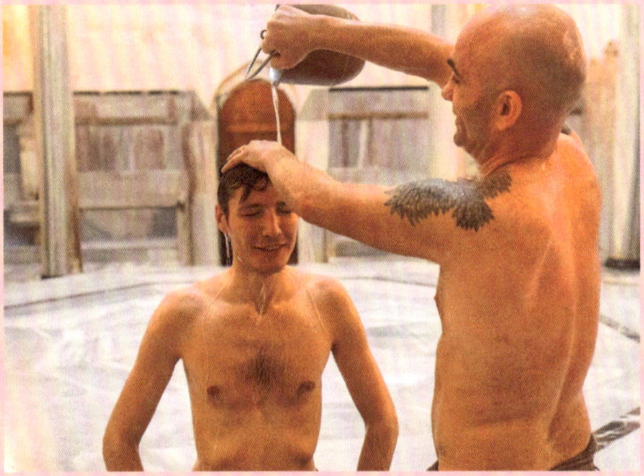

## Unter Dampf

**1**

Ein Besuch in Istanbul muss mit einem im Hamam verbunden werden, alles andere wäre grob fahrlässig. Schließlich ist Reisen Kulturerkundung, und da darfst du die Tradition des türkischen Dampfbads nicht aussparen. Zum besonders stilvollen Einseifen, Massieren und Peelen gehst du ins *Kılıç Ali Paşa Hamam*. Der Gebäudekomplex mit seinen beeindruckenden Kuppeln wurde im 16. Jahrhundert als Moschee und Koranschule erbaut. Keine Sorge, heute ist alles modern und auf absolute Entspannung ausgerichtet. Nur auf Begleitung von Schatzi musst du im Zweifelsfall verzichten – die Öffnungszeiten sind für Damen und Herren getrennt.

*Kılıç Ali Paşa Hamam · Kemankeş Karamustafa Paşa, Hamam Sk. 1 · kilicalipasahamami.com*

## Park am Meer

**2**

Istanbuls bezauberndsten Blick aufs Wasser in entspannter Umgebung hast du von … nee, doch … oder eventuell? Schwere Entscheidung, nur eins ist sicher: An schönen Parks und Aussichtspunkten mangelt es der Stadt nicht. Du wählst den *Fenerbahçe Park* auf der asiatischen Seite. Er ist a) aufgrund seiner Lage angenehm und vor allem bei Istanbulern beliebt, b) hübsch angelegt und mit Picknicktischen und kleinen Cafés für deinen Besuch bereit sowie c) dank angeschlossener Uferpromenade perfekt für einen romantischen Spaziergang zum Sonnenuntergang mit Blick aufs Marmarameer.

*Fenerbahçe Park · Fenerbahçe Mah, Tur Yolu Sk.*

# Mal mal

**3**

Die beruhigende Wirkung des Mandala-Malens ist bewiesen. Nächste Stufe für dich: Marmorpapier. „Ebru" ist der türkische Fachbegriff für die traditionelle Maltechnik, die wunderschöne Schmuckblätter produziert (Foto S. 60 re.). Beim zweistündigen *Workshop* lernst du, wie's geht.

*Marmorpapier-Workshop „Ebru" · Alemdar Mah Incili Çavus Sok. 19 · lesartsturcs.com*

# Versinken im Versunkenen

**4**

Abkühlung, Runterfahren, beruhigendes Wasserrauschen genehm? Das alles (und noch viel mehr) bekommst du, wenn du unter Tage gehst. Die *Basilica Zisterne* (Foto re.) liegt unweit der Hagia Sophia unterm Asphalt verborgen. Das Wunderwerk byzantinischer Ingenieurskunst versorgte die Stadt einst mit Trinkwasser. Heute wandelst du bei Schummerlicht und klassischer Musik zwischen den über 300 meterhohen Säulen, lässt deine Gedanken treiben und bemerkst: Dieser Ort heißt nicht umsonst auch „versunkener Palast".

*Cisterna Basilica · Yerebatan Cad., Alemdar Mah. 1/3 · yerebatan.com*

# Full Turkish Breakfast

**5**

Was gibt es Entspannteres, als den Tag mit einem ausgiebigen Frühstück zu beginnen? In der Türkei bietet sich das doppelt an, denn das *Kahvalti*, also Frühstück, wird hier definitiv als wichtigste Mahlzeit des Tages zelebriert. Erst wenn der Tisch sich unter Backwaren, Oliven, Pasten, Marmeladen, Käse, Eiern und Joghurt biegt, hast du alles richtig gemacht. Im *Doğaciyiz Gourmet* sitzt du dazu hübsch auf der Terrasse in einer Seitenstraße oder an Holztischen im gemütlichen Innenraum.

*Doğaciyiz Gourmet · Kılıçali Paşa Mahallesi, Kasatura Sk. 16/A · dogaciyiz.com.tr*

Einsteigen am Eminönü-Pier und über den Bosporus schippern

# Wenn du schon mal da bist …

## Gemütlich versacken

Karg? Nein, hier ist der Name bestimmt nicht Programm. Seit 1996 bietet die Alternativ-Bar *Karga* gemütliche Holzmöbel und heimelige Kneipenatmosphäre auf fünf Etagen. In den unteren drei gibt es preisgünstiges Essen, Bier und Wein. In den oberen beiden (KargArt) finden Lesungen, Rock- oder Folk-Konzerte und Filmvorführungen statt – eine Institution im Viertel Kadıköy.

*Karga Bar · Kadife Sok. 16 · karga.com.tr*

## Über den Bosporus

Einsteigen in Eminönu, hochschippern bis zur Endstation, Einkehr ins Fischrestaurant und dann wieder mit der Fähre zurück: Vom Wasser aus bietet die Stadt ganz neue und unvergessliche Eindrücke.

*Vom Anleger Boğaz Hattı in Eminönü bei der Galata-Brücke*

## Berühmte Brücke

Die *Galata-Brücke* ist die symbolische Mitte İstanbuls. Nirgends wird die Verbindung von Alt und Neu, Orient und Okzident so anschaulich wie hier. Auf der Brücke ist immer was los, sie wird von zahllosen Anglern bevölkert, es gibt Leute, die ihr halbes Leben auf der Galata-Brücke verbringen. Der Blick von den Kneipen unter der Brücke auf Topkapı und den Schiffsverkehr ist sehr schön.

*Galata Köprüsü*

## Auf Miniwallfahrt

Wer nicht bis Mekka kommt, besucht zumindest den innerstädtischen Wallfahrtsort, die *Eyüp-Moschee*. Eyüp ist das „heilige Viertel“ İstanbuls und mit dem Schrein von Eyüp Ensari, dem Fahnenträger Mohammeds, der bei der ersten arabischen Belagerung Konstantinopels im 7. Jh. hier sein Leben ließ, ein wichtiger Wallfahrtsort für Alt und Jung. Gleich nach der Eroberung der Stadt 1453 ließ Mehmet II. zu Ehren des Märtyrers eine große Moschee bauen und dessen Gebeine feierlich zum zweiten Mal beisetzen. Heute besuchen Gläubige aus der ganzen Türkei den heiligen Ort. Neben der Moschee liegt ein großer Friedhof, durch den ein schöner Spazierweg führt. Über den Weg gelangt man den Hang hinauf.

*Eyüp-Moschee · Bus und Fähre „Haliç Hattı“ · eine 420 m lange Seilbahn fährt auf den Hügel*

## Düfte des Orients

Der *Ägyptische Basar*, auch Gewürzbasar genannt, ist ein Hochgenuss für die Augen und die Nase. Wer getrocknetes Obst, Nüsse, Heilkräuter, Kaviar oder Safran sucht, ist hier richtig. Bei Ucuzcular, dem ältesten Kräuter- und Naturladen İstanbuls, gibt es viele gute Produkte für Haut und Haare.

*Eminönü Meydanı · misircarsisi.org.tr*

## Rüber nach Asien

Mit langen Shoppingmeilen, einem wunderbaren Markt (Foto) samt Fischlokalen hinter den Anlegestellen, vielen Buchläden und Boutiquen ist *Kadıköy* eine Bastion des säkularen Mittelstands. In der Kneipengasse im Markt hängen überall Fernseher, wo am Wochenende die Spiele der Süperlig übertragen werden, was den halben Markt in ein Stadion verwandelt.

*Kadıköy*

## Weg von der Straße

Häufiges Problem bei Streetfood: die Aussicht. Im *360° Istanbul* kannst du ganz gediegen den Blick vom Topkapı-Palast übers Goldene Horn schweifen lassen. Das gläserne Restaurant im Jugendstilbau bietet einen atemberaubenden Rundblick. Unbedingt reservieren!

*360° Istanbul ·İstiklal Cad. 163 · 360istanbul.com*

## Ein Tässchen Mokka?

Im schattigen Hof einer ehemaligen Hochschule schmeckt der nämlich besonders gut, das gilt auch für den Apfeltee. Der Teegarten *Çorlulu Ali PaŞa Medresesi* wird von allen Bevölkerungsschichten besucht, auch zum gemütlichen Shisha rauchen.

*Çorlulu Ali PaŞa Medresesi · Yeniçeriler Cad. 34*

## Schleiertänze

Die tanzende Schöne hinter dem Schleier ist das Orient-Klischee par excellence. Aber wer will nicht einmal einen Bauchtanz von hoher Qualität sehen? Im *Kervansaray* ist das möglich – mit Reservierung und leichter Abendgarderobe.

*Kervansaray · Cumhuriyet Cad. 52a*

## Pellkartoffel deluxe

Eine Kartoffel, bestapelt mit Gemüse und Salat ist als Kumpir (Foto) Streetfood Nummer Eins und die Straße mit dem Beinamen Kumpir Sokak, also Kumpir-Straße, ist die beste Anlaufstelle, um selbigen zu essen. Also nichts wie los zur *Mecidiye Köprüsü Sokak*, wo sich ein Stand an den anderen reiht. Die Reise in den Stadtteil Ortaköy lohnt sich zudem, weil a) der Ausblick über den Bosporus, b) die Moschee am Ufer und c) das Nachtleben dort genau so viel können wie das Kartoffelgericht.

*Mecidiye Köprüsü Sokak*

INSIDER-TIPP
**Wie bei den Osmanen**

*Kuzguncuk gehört zu den Bosporusdörfern, die ihren Charakter behalten haben. Zwischen dem Zentrum Üsküdars und der ersten Bosporusbrücke gelegen, beherbergt Kuzguncuk viele alte Holzhäuser und Villen, die liebevoll restauriert wurden. Buchläden, Kunstgalerien und Straßencafés zieren die lebendige Hauptstraße İcadiye. Die Architektur gibt das Gefühl der osmanischen Lebensweise wieder.*

*Fähre oder Bus von Beşiktaş, Taxi oder zu Fuß von Üsküdar*

## Beim Barte des Propheten!

Jetzt wird's historisch: Über vier Jahrhunderte war der *Topkapı-Palast* das Zentrum der osmanischen Weltmacht – mit zeitweilig mehr als 5000 Bewohnern. Der Gebäudekomplex besticht durch filigrane Architektur statt majestätischer Wucht. Filmkenner freuen sich über den ausgestellten Topkapi-Dolch, der im Gangsterfilm von 1964 trickreich geklaut werden sollte. Direkt gegenüber auf der anderen Seite des Hofs werden die religiösen Schätze gezeigt, darunter das sprichwörtliche Barthaar des Propheten. Und nach der Tour ins Café im Palastgarten, von dem aus du einen herrlichen Blick auf die Einfahrt in den Bosporus und den asiatischen Teil İstanbuls hast.

*Topkapi-Palast/ Cankurtaran / millisaraylar.gov.tr*

## Ein blaues Wunder

43 m hoch ragt die *Blaue Moschee* in den Himmel. Ihren Spitznamen verdankt die imposante Schönheit, die eigentlich Sultan-Ahmed-Moschee heißt, unzähligen blauen Fliesen. Wenn du die blaue Pracht von innen bestaunen willst, gibt es sogar noch einen roten Teppich und riesige Kronleuchter obendrauf. Selbst der Blick aus einem der 260, meist bunt verglasten Fenster lohnt sich: Du blickst über das Marmarameer oder in einen prächtigen Moscheengarten. Nur freitags sollte man die Moschee den Betenden überlassen.

*Blaue Moschee · Sultanahmet Meydanı 7*

Blau dominiert in der Sultan-Ahmed-Moschee

Orientalisch einkaufen – in den 4000 Läden des Großen Basars

**52**
**Diamanten**

sind im Topkapi-Dolch verarbeitet.

**12**

-mal müssen Schiffe bei der Bosporus-Passage den Kurs ändern.

**13,7**
**Kilometer**

lang ist der Eisenbahntunnel unter dem Bosporus.

**450**
**Gramm**

So viel Kartoffelbasis braucht ein Kumpir im Durchschnitt.

**4000**
**Geschäfte**

warten im Großen Basar auf Kundschaft.

**165**
**Meter**

hoch sind die Pylone der Bosporusbrücke zwischen den Stadtteilen Beşiktaş und Üsküdar.

Pa

*Als Stadt der Liebe kennt Paris sich mit romantischen und verwunschenen Orten aus. Ein perfektes Ziel zum Träumen und Ausspannen.*

# ris

Den Kopf frei wandern auf dem *Coulée verte René-Dumont* durch Paris

# Endstation Parklandschaft

Stell dir vor, du hast eine über 30 Kilometer lange Bahnstrecke, die einmal rund um das Stadtzentrum führt, und keiner braucht sie mehr. Hast du eine bessere Idee, als diesen Freiraum inmitten dichter Bebauung für Parks, Kultur und urbanes Gärtnern zu nutzen? Eben! Die Pariser auch nicht.

Mitte des 19. Jahrhunderts wurde der *Chemin de Fer de Petite Ceinture* („Kleine Ringbahn") angelegt, um die Kopfbahnhöfe der Hauptstadt miteinander zu verbinden. Doch seit 1934 ist der Betrieb größtenteils eingestellt. Über Jahrzehnte übernahmen Pflanzen und Tiere das Regiment auf Gleisen und verlassenen Bahnhöfen. Mittlerweile haben die Menschen Anspruch an die Flächen angemeldet. Auf über vier Kilometern Länge führt der Wanderweg *Coulée verte René-Dumont* über ein Backsteinviadukt. Oben gibt es Blumenrabatten und lauschige Pergolanischen. In den Bögen unten sind Galerien und Kunstboutiquen untergebracht. Etwas mehr Off-Kultur verspricht das Café *La Recyclerie (83 Boulevard Ornano · larecyclerie.com)* in einem alten Bahnhofsgebäude im 18. Arrondissement. Hier gibt es Kuchen, Livemusik und urbanes Gärtnern (samt Hühnern!) auf dem alten Gleisbett im Hinterland.

# Adieu, Alltagsstress!

## Verkostung rot-weiß

1

Ein Hauch von Pfirsich. Wenig Säure. Leichte Aromen von Bittermandel. Solche Sätze lassen sich lernen, und das kann sogar Spaß machen – gut schmecken sowieso. Unterhaltsam gestalten sich in jedem Fall die Weinproben in der Weinbar *Ô Chateau*, die in einem beeindruckenden Gebäude aus dem 17. Jahrhundert residiert. Die Sommeliers greifen auf eine Auswahl aus über 50 offenen und mehr als 100 Flaschenweinen zurück. Damit es nicht zu lustig wird, werden französische Käseklassiker als Basis serviert. Je nach Wissensstand kannst du verschiedene Angebote, vom Wein-Käse-Lunch bis zum ganztägigen Trip in die Champagne buchen.

*Weinprobe im Ô Chateau · 68 Rue Jean-Jacques Rousseau · o-chateau.com*

## Alles ist im Fluss

2

In der Seine schwimmen, ohne dass man in der Seine schwimmen muss: Das bietet das *Badeschiff* (Foto li.), das seit 15 Jahren nah der Bibliothèque François Mitterand vor Anker liegt. Die vier Bahnen des 25-Meter-Beckens sind für zwar nicht für ambitionierte Hochleistungsschwimmer gemacht, aber dafür bist du ja nicht hier. Sondern für die Liegestühle sowie den romantischen Sonnenuntergang über dem Fluss. Im Winter bekommt das Becken ein schützendes Plastikdach verpasst, das Schwimmen zu jeder Jahreszeit möglich macht.

*Badeschiff Joséphine Baker · Quai François Mauriac · piscine-baker.fr*

# Der frühe Vogel ...

**3**

... geht es ruhig an. *Qigong* gilt zwar offiziell als chinesische Kampfkunst, aber die langsamen Bewegungen kombiniert mit ruhigem Atmen bekommst du hin, auch um neun Uhr morgens! Seit über 20 Jahren steht Meister Thôi unweit des Café Rosa Bonheur im *Parc des Buttes-Chaumont* und leitet an. Schlechtes Wetter kennt er ebenso wenig wie das Konzept der Bezahlung. Ein kostenloser Frühstart in den Tag, jeden Tag – was will man mehr? Kaffee danach im Café nebenan!

*Qigong mit Meister Thôi · Parc des Buttes-Chaumont · Facebook: Bintjebar*

# Wo Promis ruhen

**4**

Wo liegt Jim Morrison begraben? Wo Oscar Wilde, Edith Piaf, Chopin oder Proust? Mit solchen Fragen kann man sich auf dem größten Pariser Friedhof stundenlang beschäftigen. Doch das würde dem ersten *Parkfriedhof* (Foto S. 72 re.) der Welt nur zum Teil gerecht. In so ruhiger, grüner Atmosphäre lässt sich Kunst in Paris sonst nirgends erleben, denn nichts anderes sind die prunkvollen Grabmäler und Statuen. Entlang der Flanke eines kleinen Hügels und über verfallene Treppen führt etwa der schmale Chemin des Chèvres („Ziegenpfad"). Verwunschener geht nicht.

*Friedhof Père Lachaise · 16 Rue du Reposs · pere-lachaise.com*

# Danken und Tee trinken

**5**

Wow. Die *Große Pariser Moschee* ist für sich genommen schon beeindruckend. Die Franzosen meinten es sichtbar ernst, als sie mit diesem Bau den Soldaten muslimischen Glaubens für ihren Einsatz im Ersten Weltkrieg dankten. Der große Komplex ist öffentlich zugänglich und als Kurztrip in den Orient in seiner Gesamtheit den Besuch wert. Besondere Entspannung verspricht der Teesalon im Innenhof, wo du unter Bäumen marokkanischen Minztee, maurischen Kaffee und algerische Leckereien genießen kannst. Falls das nicht reicht, gehört auch ein Hamam zum Ensemble.

*Teesalon der Großen Moschee (Grande Mosquée) · 2 bis Place du Puits de l'Ermite · mosqueedeparis.net*

Museumsmuffel? Egal, das *Musée du Quai Branly* beeindruckt dich garantiert

# Wenn du schon mal da bist ...

## Skaters' Paradise

Jeden Freitagabend flitzen Tausende Inlineskater über 30 km abgesperrte Straßen. Los geht's um 22 Uhr zwischen Montparnasse-Bahnhof und -Turm.

*Inlineskaten · Gare Montparnasse, 14. Arr. · pari-roller.com*

## Ferne Kulturen

Ob du die gesamte Museenlandschaft abklapperst oder ganz drauf verzichtest – das *Museum der fernen Kulturen* ist ein Must. Schon von außen macht das Museum des Architekten Jean Nouvel einiges her. Besonders beeindruckt der aus 15.000 Pflanzen bestehende vertikale Garten. Drinnen geht die Reise in ferne Länder durch die große Sammlung außereuropäischer Kunstobjekte, ergänzt durch Multimedia-Installationen.

*Musée du Quai Branly – Jacques Chirac · 37, Quai Branly, 7. Arr · quaibranly.fr*

## Ein Gewusel

Chinesen, Inder, Afrikaner – sie alle gestalten mit ihren Kulturen bestimmte Viertel der Stadt. Auf dem wuseligen *Marché Barbès* herrscht eine kunterbunte Multikulti-Anarchie. Wochenmarkt mit vielen afrikanischen und orientalischen Spezialitäten. Niedrige Preise und großer, bunter Trubel sind garantiert.

*Marché Barbès · Blvd. de la Chapelle, 18. Arr.*

## Freie Sicht

Vom Eiffelturm hat man eine tolle Aussicht. Kostet aber auch, und es herrscht Andrang. Ruhig geht es um *Sacré-Cœur* (Foto) zwar auch nicht zu, denn Tausende ziehen täglich die vielen Treppen hinauf, um den imposanten Blick vom Kirchenvorplatz zu genießen: Aber der ist umsonst! Lauffaule nehmen die kleine Bergbahn.

*Sacré-Cœur · 35, Rue du Chevalier de la Barre, 18. Arr. · sacre-coeur-montmartre.com*

*In idyllischen Hinterhöfen unweit der Place des Vosges bieten rund 90 Geschäfte Kleinmöbel, Bilder, Schmuck, Porzellan usw. an. Im orangen Hof unbedingt in die Boutique des Inventions, den „Laden der Erfindungen": Das ist der Spot zum Kauf nützlicher Mitbringsel, denn Erfinder können sich hier bei der Vermarktung ihrer Ideen begleiten lassen.*

INSIDER-TIPP
Daniel Düsentrieb stellt vor

*Village Saint-Paul · zwischen Rue Saint-Paul und Rue Charlemagne, 4. Arr. · levillagesaintpaul.com*

## Dezentes Juwel

Es ist immer noch beeindruckend, durch das älteste Kaufhaus der Stadt, einem Belle-Époque-Juwel, bei dezenter klassischer Musik ohne den sonst üblichen Touristenrummel zu schlendern. Eine der besten Schuh- und Modeabteilungen; die Feinkostabteilung im Nebenhaus ein Erlebnis!

*Le Bon Marché 24 · Rue de Sèvres, 7. Arr. · 24sevres.com/fr-be/le-bon-marche*

## Im Reich der Düfte

Spezialitäten aus aller Welt, vor allem aus arabischen, afrikanischen und asiatischen Ländern, türmen sich in wildem Durcheinander bis an die Decke dieses Ladens. Zusammen mit den an Haken hängenden Würsten und den exotischen Gewürzen bietet sich dir ein einmaliges Geruchserlebnis.

*Izraël 30 · Rue François Miron, 4. Arr.*

## Karaoke mal anders

Zu zünftiger französischer Küche gibt's hier Chansons zum Mitsingen. Du hast den Text nicht im Kopf? Nicht schlimm, es werden Textblätter ausgeteilt, und dann geht's los: „Padam, padam, padam ...". Dienstags steht Edith Piaf auf dem Programm. Besser reservieren (Foto).

*Le Vieux Belleville 12, Rue des Envierges, 20. Arr · le-vieux-belleville.com*

## Beau, bon, pas cher

Stuck, blumenberankte Jugendstildamen, bunte Glasdächer über riesigen Spiegeln. Frisch restauriert sieht alles so aus wie zu Beginn des letzten Jahrhunderts. Gerade wurde die Brasserie unter dem Motto von damals „beau, bon, pas cher" neu eröffnet. Chicorée mit Schinken gibt es schon für schlappe 10,80 Euro.

*Bouillon Julien · 16, Rue du Faubourg Saint-Denis, 10. Arr. · bouillon-julienparis.com*

## Am Tresen

Paris ist bekannt für seine Cafés. Klassiker, die sich ihr Renommee bezahlen lassen, sind z.B. das *Café de Flore* und das *Les deux Magots.* Wenn du das authentische Paris erleben willst, geh am besten in ein x-beliebiges Café in einem weniger touristischen Wohnviertel. Hier triffst du die echten Pariser, und der Kaffee ist um einiges günstiger. Am Tresen zahlst du übrigens öfters weniger und kannst mit den Stammgästen ins Gespräch kommen.

## Ziemlich pariserisch

Neben dem Louvre, dem weitläufigsten Museum der Welt, besitzt das Centre Pompidou die größte Sammlung moderner Kunst in Europa auf. Das Museum, das Paris am meisten widerspiegelt, ist aber das *Musée d'Orsay* mit seiner Sammlung französischer Impressionisten. In den Sälen des 1986 umgebauten Bahnhofs stehen die Maler des Lichts im Mittelpunkt. Daneben sind aber auch Werke von Wegbereitern der Moderne wie Vincent van Gogh, Paul Gauguin und Paul Cézanne zu sehen. Die Gemälde, Skulpturen, die Kunstobjektsammlung sowie Dokumentationen zur Stadtplanung, Film- und Plakatkunst umfassen den Zeitraum 1848–1914.

Beeindruckend ist nicht nur das reiche Angebot des Museumsbuchladens, sondern auch der elegante Speisesaal.

*Musée d'Orsay · 1, Rue de la Légion, 7. Arr · musee-orsay.fr*

## 100 Prozent bio

Wo früher Wasserhähne montiert wurden, servieren Christel Dhuit und ihr Team vegetarisch-veganes Fusion-Food. Am Wochenende bekommst du im Restauarant in der Nähe des Canal St-Martin bei einem reichhaltigen Brunch den gesunden Ausgleich nach einer durchzechten Nacht.

*Soya · 20, Rue de la Pierre Levée · soya- cantine-bio.fr*

## Abends auf der Seine

Eine echte chinesische Dschunke auf der Seine! In der festen Größe der Pariser Musikszene treten Gruppen wie Louise Attaque, Noir Désir oder Bénabar auf. Vor Konzertbeginn kannst du an Bord lecker speisen – nur nicht chinesisch!

*La Dame de Canton · Port de la Gare, 13. Arr. · damedecanton.com*

## Jazzgrößen

Ein echt cooler Laden in einer alten Bahnhofshalle auf einem verwunschenen Gelände mit Terrasse und Garten. Wo seit 1934 keine Züge mehr halten, treten nun mehr oder weniger bekannte Jazzgrößen auf. Eintritt frei, günstige Snacks und Getränke sowie eine perfekte Mund-zu-Mund-Propaganda, die für ein bunt gemischtes Publikum sorgt.

*La Gare · 1, Av. Corentin Cariou, 19. Arr. · Facebook: LaGareJazz*

Kaffeepausen gehören in Paris zum guten Ton dazu, z. B. im Café de Flore

Das Wahrzeichen ist in der Dämmerung vielleicht am schönsten

# 2,5 Mio.
## Nieten

halten den Eiffelturm zusammen.

# 13
## Kilometer

ihrer insgesamt 777 Kilometer fließt die Seine durch Paris.

# 15.000
## Menschen

täglich wollen die Mona Lisa sehen.

# 5
## Jahre

soll es dauern, bis Notre-Dame nach dem Großbrand 2019 wiederaufgebaut sein soll.

# 39
## Parks & Gärten

gibt es im Stadtgebiet. Viel Platz zum Relaxen.

# 1119
## Delinquenten

wurden in der Französischen Revolution enthauptet.

Washi

ngton

*Politisches Zentrum einer Weltmacht und trotzdem lässig drauf: Die US-amerikanische Hauptstadt zeigt, wie das zusammengeht.*

Auszeit mit unbegrenzten kulturellen Möglichkeiten. z.B die National Gallery of Art

# Herabschauender Hund im Museum

Achtung! Wer nach Washington reist, muss wirklich aufpassen, von der Vielfalt des kulturellen Angebots nicht erschlagen zu werden. Museen, Ausstellungen, Galerien – alles total spannend. Aber ganz ehrlich? Du bist im Urlaub und daher mit Recht auf Entspannung eingestellt. Im Land der unbegrenzten Möglichkeiten ist das zum Glück kein Problem. Auch für Kulturinteressierte mit Ruhebedürfnis hat Washington etwas Passendes parat.

Wie wäre es zum Beispiel mit einer Runde Yoga zwischen den Kunstwerken des Smithsonian American Art Museums? Einem „Take 5!"-Konzert im beeindruckenden Museumsinnenhof, wozu du dir für noch besseres Abschalten ein Brettspiel ausleihen darfst? Oder du suchst nach deinem künstlerischen Potential beim Open Studio Friday in der National Portrait Gallery. Die Museen der *Smithsonian Institution (si.edu/events)* halten eine Vielzahl besonderer Aktivitäten dieser Art bereit. Alternativ kannst du deinen sommerlichen Freitagabend auch im Skulpturengarten der *National Gallery of Art (nga.gov)* verbringen. Lokale Künstler spielen Jazz; du kannst dir Picknick mitbringen und vor Ort Prosecco kaufen. Der Eintritt ist kostenlos.

# Blühende Stadtschaften

## Big in Japan

**1**

Timing ist alles. Auch bei der Vorliebe für rosa Blumen. Seitdem Tokio 1912 der Stadt Washington 3000 japanische Kirschbäume schenkte, ist die *Kirschblüte* (Foto re.) ein absolutes Highlight. An maximal 14 Tagen zwischen Mitte März und Mitte April kannst du rund um National Mall und East Potomac Park in der Blütenpracht versinken. Die beste Sicht hast du vom Ruderboot auf dem Tidal Basin. Das dazugehörige *National Cherry Blossom Festival* dauert vier Wochen. Konzerte, Tanzaufführungen und Parade (Foto li.) locken jedes Jahr über 1,5 Millionen Besucher an die Bäume und die frische Luft.

*Kirschblütenfest · nationalcherryblossomfestival.org*

## Baumschau

**2**

Koniferen aller Klimazonen, vereinigt euch! Diesem Aufruf sind diese Bäume sowie unzählige weitere Gewächse aus aller Welt gefolgt, als vor knapp 100 Jahren das *U. S. National Arboretum* angelegt wurde. Den riesigen Park kannst du bei freiem Eintritt besuchen. Azaleen, Magnolien, Zypressen – alle dabei! Der japanischen Kleinbaumkunst des Bonsais und seinem chinesischen Pendant Penjing ist sogar ein eigenes Museum gewidmet. Kurios sind die 22 Sandsteinsäulen, die zum Kapitol gehörten. 1958 wurden sie dort durch widerstandsfähigere Marmorsäulen ersetzt und waren damit übrig.

*U.S. National Arboretum · 3501 New York Ave NE · usna.usda.gov*

# Nachmacher

3

Hinter Klostermauern versteckt sich ein Ort für die dringend nötige Großstadtflucht. Die Architekten ließen sich für all die Säulen und Kuppeln der Anlage von den heiligen Stätten Roms und Jerusalems inspirieren. Was alt und nach Antike aussieht, ist gerade einmal hundert Jahre alt – und damit doch wieder typisch USA. Im verwunschenen Garten mit seinen Säulengängen (Foto re.) genießt du die perfekte Auszeit. Für die Besichtigung der Katakomben unter der Kirche musst du an einer Führung teilnehmen.

*Franciscan Monastery · 1400 Quincy Street N.E. · myfranciscan.org*

# Achtsamkeitsgott

4

Ist es überhaupt vorstellbar, dass der Anblick eines echten Monets jemanden nicht sofort tief entspannt? Eben. Im *Kreeger Museum* hängen zu diesem Zweck auch noch Renoirs, van Goghs oder Cézannes. Das Privatmuseum im modernen Wohnhaustempel des Kunstsammlerpaars David und Carmen Kreeger ist kaum bekannt. So hast du sowohl mit Claude Monet als auch draußen im Skulpturengarten deine Ruhe. Wenn nur die Vögelchen nicht so unverschämt laut zwitschern würden!

*Kreeger Museum · 2401 Foxhall Rd NW · kreegermuseum.org*

# Das ist Kunst, das kann nicht weg

5

Leinwand, Farbe, Loftgefühl, dazu coole Musik und ein leckerer Drink. Was braucht es mehr, um dich zu inspirieren und endlich mal deinen inneren Picasso rauszulassen? Es entspannt und befreit gleichermaßen, in einer Freestyle-Kunstsession beherzt mit Pinsel, Öl und Palette rumzumatschen. Erfahrene Künstler geben Tipps vor Ort (oder du buchst gleich einen Malkurs). Stress dich nicht: Über Linien malen und falsche Perspektiven wählen ist hier, anders als im Kunstunterricht, ausdrücklich erlaubt.

*ArtJamz Dupont Studio · 1728 Connecticut Ave NW · artjamzdc.co*

Schaltzentrale des Präsidenten, vielleicht winkt er durchs Fenster

# Wenn du schon mal da bist ...

## Picknick mit Musik

Die „*Wolfsfalle*" lädt ein zum relativ preiswerten Musikerlebnis: Die Stimmung ist großartig bei den Open-Air-Konzerten mit Picknick auf dem Rasen. Eine Bühne für Rock, Folk, Tanz und klassische Musik. Es gibt eine überdachte Halle oder preiswertere Tickets für den Rasen, auf dem man sich mindestens eine Stunde vor Beginn zum Picknick trifft.

*Wolf Trap · 1551 Trap Rd., Vienna/Virginia · wolftrap.org*

## Präsidiale Aussicht

Wo bekommst du schon mal gratis eine phantastische 360-Grad-Aussicht auf eine Großstadt? Mitten in Washington! Paris hat den Eiffelturm, Washington sein gleichnamiges *Monument* – in weniger als anderthalb Minuten geht es zur Spitze hinauf. Der 1888 eröffnete Obelisk zum Andenken an den ersten Präsidenten der USA ist heute das Wahrzeichen der Stadt – und immer noch das weltweit höchste Steinbauwerk. Tickets gibt es entweder kostenlos vom Kiosk an der 15th Street (für den jeweiligen Tag und eine Uhrzeit) oder für 1,50 $ per Vorbestellung *(recreation.gov)*. Schon vor Öffnung des Kiosks um 8.30 Uhr musst du mit teils langen Wartezeiten im Freien rechnen, zudem mit Sicherheitschecks.

*Washington Monument · im Zentrum der Mall · nps.gov*

## Keine halben Sachen

Der *half smoke*, ein etwas größerer Hotdog (halb Schweine-, halb Rindfleisch), wurde in D. C. erfunden – am besten mit Chilisauce von *Ben's Chili Bowl* (Foto) verdrücken, einer echten Institution. Hotdog mit Chili con carne haben hier schon viele berühmte Gäste wie Bono oder Barack Obama genossen.

*Ben's Chilibowl · 1213 U St., NW · benschilibowl.com*

## Bunt und fair

In diesem beliebten Kaffeehaus in Adams Morgan ist das Publikum so bunt gemischt wie die Stühle und Sofas. Abends, vor allem am Wochenende, verwandelt sich das Café in eine belebte Bar, außer am Samstag gibt es kostenloses WLAN. Auf der Karte: Direct-Trade-Kaffee.

*Tryst · 2459 18th St., NW · trystdc.com*

*Dupont Circle ist eines der teuersten Pflaster in D. C. Einen Bummel über den Freshfarm Dupont Circle Market am Sonntag kann sich aber jeder leisten – und bekommt auf dem Bauernmarkt neben frischem Obst und Gemüse gleich noch eine große Portion Lokalkolorit gratis dazu.*

INSIDER-TIPP
**Vitamine von der Farm auf den Tisch**

*Freshfarm Dupont Circle Market · 20th St., NW, zwischen Massachusetts Ave. und Hillyer Pl.*

## Muss sein!

Wer das *Weiße Haus* nicht zumindest von außen gesehen hat, war nicht in Washington. Selbst wenn du wohl kaum dem Präsidenten die Hand schütteln oder eines der 135 Zimmer betreten kannst – ein Blick über den Zaun (Vorderseite: *1600 Pennsylvania Ave., NW; die berühmte* Gartenseite: *E St., NW*) ist Pflicht! Mehr zu sehen gibt es im *Visitor Center in 1450 Pennsylvania Ave., NW.*

*Weißes Haus · whitehouse.gov*

## Nachts im Museum

Wer diesen Film liebt, kommt nicht um einen Besuch herum. In einem der beliebtesten (und besten) Naturkundemuseen der Welt sind neben seinem Wahrzeichen, dem über 4 m hohen Modell eines Elefanten in der Rotunde, und dem 45,5 Karat schweren Hope-Diamanten sage und schreibe weitere 126 Mio. Ausstellungsstücke versammelt. Natürlich auch der T-Rex, aber keine Angst: Er bewegt sich nicht (zumindest tagsüber…).

*National Museum of Natural History · 10th St. und Constitution Ave., NW · naturalhistory.si.edu*

## Top Jazz

Der Top-Jazzclub liegt in einer kleinen Seitenstraße in Georgetown und bietet normalerweise zwei Shows täglich: um 20 und 22 Uhr. Auch Abendessen. Kartenvorbestellung *ist sehr zu* empfehlen.

*Blues Alley · 1073 Wisconsin Ave., NW · bluesalley.com*

## 007 für einen Tag

Dein Auftrag ist: Nimm für zwei Stunden eine verdeckte Identität an, und stell dich in virtuellen Spielen den Herausforderungen der Zunft. Möchtegern-Spione holen sich Rat bei einem echten (ehemaligen) Agenten und technische Inspiration bei den Ausstellungsobjekten – von der Lippenstift-Pistole bis zu hochmodernen Mikrokameras. Die richtige Ausrüstung gibt es im Spy Shop.

*International Spy Museum · 700 L'Enfant Plaza · spymuseum.org*

## Mount Vernon

An keinem anderen Ort stößt man so oft auf die faszinierende Welt der US-Präsidenten, egal ob von John F. Kennedy oder Barack Obama. Besonders schön: ein Ausflug zum ehemaligen Landsitz des Namensgebers der Stadt. Er liegt auf einem Hügel am Ufer des Potomac und bietet einen herrlichen Ausblick auf den Fluss. An die Mansion, für damalige Verhältnisse ein prächtiges Herrenhaus, sind Gärten, Werkstätten und Ställe angeschlossen. Im Eingangsbereich sind George Washington und seine Frau Martha begraben.

*Mount Vernon · mountvernon.org*

## Alles für die Fitness

In diesem kleinen Laden in Georgetown schlägt das Joggerherz höher: Er führt das perfekte Outfit von Funktionskleidung über Laufschuhe bis zu Accessoires.

*Georgetown Running Company · 3401 M St., NW · georgetownrunningcompany.wordpress.com*

## „I have a dream"

Vier Worte, die Geschichte gemacht haben: Am *Lincoln Memorial* stehst du an derselben Stelle, an der 1963 Martin Luther King Jr. seine berühmte Rede gehalten hat. Hinter dir in der Haupthalle thront ein fast 6 m hoher, gigantischer Abraham Lincoln aus weißem Marmor. Zu Füßen des Denkmals erstreckt sich gen Osten der schmale, lange *Reflecting Pool*, über die Mall zum Kapitol weisend. Genieß hier die Aussicht bei Tag oder Nacht.

*Lincoln Memorial · 2 Lincoln Memorial Cir, NW (23rd St.)*

## Cocktail mit Aussicht

Die Bar auf dem Dach des W Hotel bietet (auch tagsüber) einen tollen Blick aufs Weiße Haus und die Monumente – manchmal gibt's dazu noch Livemusik. Besonders schön mit einem Cocktail in der Hand…

*POV Rooftop · 515 15th St., NW · marriott.com*

## Beach Drive autofrei

Skaten und Rad fahren mit den Washingtonians im *Rock Creek Park* – dafür sind am Wochenende die Hauptstraßen durch den Park für Autos gesperrt. Der erstreckt sich von der nördlichen Stadtgrenze bis nach Georgetown und bietet Wälder und Wiesen, Wasserfälle und Schluchten, Wanderwege, Picknick- und Tennisplätze, Pferde und ein Planetarium.

*Rock Creek Park · von Broad Branch Rd. bis Military Rd. · nps.gov/rocr*

So echt, als liefe er gleich los, quer durch's Natural History Museum

Im Lincoln Memorial schaust du dem überlebensgroßen Abraham Lincoln in die Augen

**170**
**Meter**

hoch ist das Washington Monument.

**1**
**Präsident**

hatte sogar drei Amtszeiten; Franklin Delano Roosevelt.

**16**
**Museen**

unterhält die Smithsonian Institution in Washington. Und den Zoo.

**12.000**
**Lobbyisten**

sind mindestens in Washington registriert.

**10**
**Meilen**

im Quadrat beträgt die in der Verfassung festgeschriebene Obergrenze für die Größe des District of Columbia.

**28**
**Einzelteile**

hat die Marmorstatue von Abraham Lincoln im Lincoln Memorial.

# Relaxed-Playlist

**Die komplette Spotify-Playlist findest du unter *MARCO POLO Relax Songs* oder über den App-Scan oben**

- **Don't Worry, Be Happy** – Bobby McFerrin
- **Probier's mal mit Gemütlichkeit** – Balu
- **Holiday** – Madonna
- **Relax, Take It Easy** – Mika
- **Perfect Day** – Lou Reed
- **Sunshine Reggae** – Laid Back
- **Bettmensch** – Olli Schulz
- **Island In The Sun** – Weezer
- **Surfin' USA** – The Beach Boys

# Heide

*Natur? Architektur? Literatur? Check! Check! Check!, sagt Heidelberg. Am Ufer des Neckars naherholt es sich wie von selbst.*

# lberg

Für Büchersammler gibt es keinen besseren Ort als Heidelberg

# Für Leseratten und Bücherwürmer

Ruhe. Muße. Gemütlichkeit. Um in einem guten Buch zu versinken, braucht es genau das. Und wie Heidelberg beweist, um eins zu schreiben auch: Die Werke von Autoren wie Friedrich Hölderlin und Clemens Brentano werden nicht umsonst als „Heidelberger Romantik" zusammengefasst. Auch Gottfried Keller, Mark Twain oder Hilde Domin schrieben in und über Heidelberg. In der Uni-Bibliothek wird zudem der Bestand der Bibliotheca Palatina, eine der wertvollsten Sammlungen mittelalterlicher Handschriften, verwahrt. Mit Recht schmückt man sich demnach seit 2014 mit dem Titel Unesco-Literaturstadt.

Beste Voraussetzung für dich, in schöner Kulisse in die Bücherwelt einzutauchen. Wie das geht? Erst mal per Stöbertour durch die vielen Buchhandlungen und Antiquariate. Den extra Stadtplan gibt es unter *heidelberg.de/cityofliterature*. Dort erfährst du auch, wo eine Lesung, ein Poetry-Slam oder ein Drehbuch-Workshop ansteht. Als Highlight gibt es im Frühsommer die *Heidelberger Literaturtage* mit Gästen von Thomas Brussig bis Juli Zeh. Nette Cafés und Bänke mit Aussicht runden das perfekte Leseerlebnis während deines Besuchs ab.

# Heimeliges Heidelberg

## Aussicht auf Romantik

1

Zugegeben, auf den ersten Metern geht es recht steil bergauf. Oben erwartet dich dann, was die Heidelberger *Naturbalkon* nennen. Versprochen, der Blick über den Neckar auf die Altstadt und das Schloss ist die Anstrengung wert. Zudem gehört der Spaziergang hinauf und wieder hinunter über den *Philosophenweg* (Foto li.) zu den Klassikern vor Ort. Weil das Fleckchen eines der wärmsten Deutschlands ist, gedeihen hier Palmen, Pinien und Zypressen. Nun weißt du, warum Heidelbergs Studenten seit Jahrhunderten allein zum Sinnieren und zu zweit zum Verführen herkommen.

*Naturbalkon am Philosophenweg · heidelberg-marketing.de*

## Köstliches kosten

2

Erholung ist auch, wenn es gut schmeckt. Bei welcher Traditionsbäckerei du auf keinen Fall den Nusszopf verpassen solltest, wo der Kaffee stets frisch geröstet wird und wo man sehr gut persisch isst, erfährst du bei den Stadtführern von *Eat The World*. Sie vermitteln Wissen über Stadt und örtliche Gastronomie gleichermaßen, ohne dass dir oder deinen Geschmacksnerven langweilig wird. Denn Kostproben gibt es unterwegs zuhauf. Ein ähnliches Konzept, allerdings mit Schwerpunkt auf traditionellen Gasthäusern und deftigem Kurpfälzer Menü, bietet die Führung „Köstliches Heidelberg" *(heidelberg-marketing.de)*.

*Eat the World: Heidelberg · eat-the-world.com*

# Neckarcabana

**3**

Schön blöd, dass viele Städte ihre Flüsse verschmutzen und an ihren Ufern Autobahnen bauen (ganz recht, Saarbrücken, du bist gemeint!). Heidelberg ist schlauer und treibt seit ein paar Jahren die Rückeroberung des Neckars samt Ufer (Foto re.) für Menschen mit Erholungsbedarf (also dich!) voran. Eins der vielen Projekte ist der Strand. Sommer, Sonne, Sand, dazu ein Liegestuhl, Blick aufs Wasser und ein Kaltgetränk in der Hand – was will man mehr? Noch mehr solcher Orte! Das Team Neckarstrand ist dran.

*Neckarstrand · Neckarstaden 1/3 · neckarorte-heidelberg.de*

# Wucher-Wunder

**4**

Orchideen, Bromelien und die größte europäische Kollektion von Trockenpflanzen aus Madagaskar. Bock drauf? Natürlich! Immerhin gehst du dazu in einen der ältesten Botanischen Gärten Deutschlands. Seit 1593 wird in Heidelberg gesammelt und bewässert, was zu Forschung und Artenschutz, aber auch zur Freude der Besucher dient. Knirschende Kieswege und Wucher-Wunder-Gewächshäuser warten auf dich.

*Botanischer Garten · Im Neuenheimer Feld 361 · botgart.cos.uni-heidelberg.de*

# Mode trifft Muße

**5**

Auf die Liste der entspanntesten Tätigkeiten der Welt gehört für dich nicht unbedingt der Besuch einer H&M-Filiale? Falsch gedacht! Zumindest in Heidelberg. Im ersten Stock des Ladens im Darmstädter Hof hat sich zum deutschlandweiten Test schwedische Kaffeeliebe mit lokalen Lieferanten zusammengetan und ein schnuckeliges Café eröffnet. Viel Hell, viel Holz, viel lecker! Erst kommt das Shoppen, dann der Schmackofatz.

*H&M Lab Cafe · Hauptstraße 12*

Erziehungsmaßnahme: Früher gab's Arrest im Studentenknast

# Wenn du schon mal da bist ...

## Grün und berüchtigt

Es gibt 600 Sorten Absinth. 280 Varianten der berühmt-berüchtigten Kräuterspirituose sind hier zu bekommen. Schon der außergewöhnlich gestaltete Laden selbst lohnt einen Blick.

*Galerie Grüner Engel · Untere Str. 14 · absinthehouse.com/de/gruener-engel*

## Strafe musste sein

Wer als Studiosus in früheren Zeiten etwas auf sich hielt, musste wenigstens eine Nacht im „Grand Hotel" oder im „Palais Royal" (alias Arrestzelle) verbracht haben. Im *Studentenkarzer* siehst du noch heute die Originalkritzeleien der ehemaligen Insassen. Nach blutigen Raufereien, Einbrüchen in Gärten und Weinbergen drohte bis 1914 ein Arrest zwischen drei Tagen und vier Wochen – allerdings durften die Studenten ihre Vorlesungen besuchen. Strafverschärfung?

*Studentenkarzer · Augustinergasse 2 · heidelberg-marketing.de*

*Diese Burg hat wirklich eine Leiche im Keller: 1770 fand der damalige Besitzer ein Skelett in einem Hohlraum hinter einer Wand. Um diesen eingemauerten Ritter ranken sich einige Sagen. Heute schmückt eine Replik den Fundort. Die Ruinen der mittelalterlichen Wasserburg wurden restauriert und zum Teil ergänzt, ohne dass ihr Charme verloren ging. Besonders schön wirkt das Ensemble samstagsvormittags als Kulisse für den Wochenmarkt.*

INSIDER-TIPP
**Leiche im Keller**

*Tiefburg · Führungen und Besichtigung nach Vereinbarung · tiefburg.de*

## Ein Klavier!

Der Rote Ochsen (kl. Foto) ist eines der wenigen Heidelberger Lokale, die sich historisch nennen dürfen. Hier gibt es bodenständige Gerichte, ein tägliches Stammessen und die schönste Tradition der Stadt: Jeden Abend ab 19.30 Uhr spielt der Mann am Klavier. Und das seit vielen Jahren.

*Roter Ochsen · Hauptstraße 217 · roterochsen.de*

## Frisch geröstet

Hier ist man dem Bohnenglück ganz nah. Die Rösterei in der Altstadt ist als offene Manufaktur aufgebaut, du schaust in die Produktion und kannst das Team mit Fragen löchern. Vor Ort gibt's den Kaffee frisch aus der Maschine.

*Florian Steiner Kaffeerösterei · Obere Neckarstr. 18 · floriansteiner.com*

## Genau hinschauen

Du liebst Mojito, Caipirinha oder Negroni? Tja, die gibt es hier nicht. Aber keine Sorge: Hinter den Filmtiteln auf der Karte verbirgt sich genau, was du willst. Riesige Auswahl an Cocktails und Spirituosen und kleine, aber feine Speisekarte. Die Gintastings sind der Knaller, müssen aber vorab gebucht werden.

*Cocktailcafé Regie · Theaterstr. 2 · regie-heidelberg.de*

## Leben um 1900

Eintritt frei in ein Stück deutsche Geschichte: Wie lebte eine achtköpfige Handwerkerfamilie um die Wende zum 20. Jh. ohne elektrisches Licht und fließendes Wasser? Einen Eindruck davon erhält man, wenn man die Stiege im Hof der Pfaffengasse 8 hinaufsteigt. Die Ausstellung im Geburtshaus des ersten Reichspräsidenten Friedrich Ebert (1871–1925), blickt zurück auf das Leben und die politischen Ereignisse um 1900, und auf die Anfangsjahre der Weimarer Republik.

*Reichspräsident-Friedrich-Ebert-Gedenkstätte · Pfaffengasse 8 · ebert-gedenkstaette.de*

## Im Zugrestaurant

Im alten Eisenbahnwagen präsentiert sich das Mandy's ganz im Stil der 1960er-Jahre. Besonders zu empfehlen sind das Frühstück (jederzeit!) und die hausgemachten Limos und Shakes. Schon beim Lesen der Speisekarte bleiben die Kalorien an dir kleben – was soll's!

*Mandy's Railway Diner · Speyerer Str. 1 · mandys-hd.de*

## Keine leichte Kost

Klingt erst mal seltsam, ist aber hochspannend, allerdings auch keine leichte Museumskost: Die *Sammlung Prinzhorn* bewahrt einen weltweit einzigartigen Bestand an Werken, die Patienten psychiatrischer Anstalten um die Wende zum 20. Jh. schufen. Der Psychiater und Kunsthistoriker Hans Prinzhorn trug damals rund 5000 Werke zusammen. Die Sammlung wächst aber noch heute. Jeweils 200 Arbeiten werden in einem ehemaligen Hörsaalgebäude der Neurologischen Klinik gezeigt.

*Museum Sammlung Prinzhorn · Voßstr. 2 · prinzhorn.ukl-hd.de*

## Panorama-Alarm!

Mit den historischen Wagen der *Heidelberger Bergbahn* fährst du bis hinauf zum Königstuhl und genießt beste Sicht auf die Altstadt und den Neckar.

*Talstation am Kornmarkt · bergbahn-heidelberg.de*

## Alles grün

Feine vegetarische und vegane Speisen mit Zutaten aus kontrolliert biologischem Anbau oder direkt aus dem Hausgarten, auch mit Wildkräutern – am Buffet oder aus der heißen Pfanne. Unbedingt Platz für den hausgemachten Kuchen lassen!

*Red – Die grüne Küche · Poststr. 42 · red-diegruenekueche.com*

## Alltägliche Klassiker

Ein kleines Mysterium: Die meisten Heidelberger haben davon gehört, die wenigsten waren dort. Dabei läuft man ständig daran vorbei! Der Eingang befindet sich direkt auf der Hauptstraße; durch einen Innenhof geht es zur ehemaligen Notkirche, in der das kleine Museum untergebracht ist. Zu sehen gibt es Verpackungsklassiker von Nivea, Coca-Cola, Persil, Milka, Odol usw. Spannende Zeitreise für Designinteressierte (kl. Foto).

*Deutsches Verpackungsmuseum · Hauptstr. 22 · verpackungsmuseum.de*

## Lecker essen

Das kannst du in der preisgekrönten Zeughaus-Mensa im Marstall: Am Buffet stellst du dir dein Menü selbst zusammen, studentisches Flair und Biergartenatmosphäre gibt's gratis dazu. Eine Tagessuppe kostet 90 Cent, Suppe mit Hauptgang ist für ca. 5 Euro zu haben. Im Sommer sitzt du wunderschön draußen im Innenhof.

*Zeughaus-Mensa · Marstallhof 3 · stw.uni-heidelberg.de*

## Brezelsuche

Außer dem Hotel Zum Ritter ist die gotische Kirche am Marktplatz das einzige Gebäude der Stadt, das von den Zerstörungen während des Pfälzischen Erbfolgekriegs verschont blieb. In der ersten Hälfte des 15. Jhs. erbaut, erfüllte sie religiöse und weltliche Funktionen: Grablege der Kurfürsten, katholische, dann evangelische Pfarrkirche, Festsaal der Universität und Aufbewahrungsort der einstmals bedeutendsten europäischen Büchersammlung, der Bibliotheca Palatina – auf den Emporen, was die eigentümliche Breite der Seitenschiffe und die Enge des Kirchenschiffs erklärt. Und wer sich gar nicht für Kirchen interessiert, sollte auf jeden Fall die Außenmauer bei den Verkaufsständen unter die Lupe nehmen: Dort sind verschieden große Brezeln eingraviert, mit denen die Käufer prüften, ob ihre Brezel dem gültigen Mindestmaß entsprach.

*Heiliggeistkirche · Hauptstr. 189*

Ein Stück Geschichte: die Heiliggeistkirche am Marktplatz

Das größte Fass, das je befüllt war, lagert im Heidelberger Schloss

## 1386

wurde die Ruprecht-Karls-Universität gegründet. Sie ist damit die älteste Universität Deutschlands.

## 600.000 Jahre

alt ist der 1907 im badischen Mauer gefundene Unterkiefer des Homo heidelbergensis.

## 430 Gänse

160 bis 430 Gänse tummeln sich auf der Neckarwiese, je nach Jahreszeit und Fortpflanzungsbedürfnis.

## 221.726 Liter

passen in das Karl-Theodor-Fass von 1751. Es ist das größte der vier Großen Fässer im Heidelberger Schloss.

## 88 Minuten

dauert die 1952 gedrehte Filmschnulze „Ich hab' mein Herz in Heidelberg verloren".

## 1,2 Millionen

Besucher verzeichnet die Heidelberger Schlossruine jährlich.

Lissa

*Wasser, Strand und gute Aussichten: Als Seefahrerstadt auf sieben Hügeln bietet Lissabon von allem mehr als genug.*

# bon

Gar nicht morbide: Ruhe und Ausblick genießt man auf dem *Cemiteirio dos Prazeres*

# Von sieben Hügeln musst du sehen

Ein überschaubares Altbauviertel, etwas außerhalb gelegen, zwischen dessen architektonisch ansprechenden Gebäuden es sich ungestört lustwandeln lässt. Sonne, Seewind, Vogelgezwitscher. Und eine Hammer-Aussicht gibt es dort auch. Das alles bietet dir in Lissabon ausgerechnet ein Friedhof. Der folgerichtig *Cemiteirio dos Prazeres (Praça São João Bosco 568)*, also „Friedhof der Freuden" heißt. Angelegt wurde er im 19. Jahrhundert auf einer Wiese, auf der die Lissabonner bis dahin frohgemut faulenzten. Dann wurde allerdings Platz für die Opfer einer Choleraepidemie gebraucht. In hübsch gestalteten Häuschen oder kleinen Kapellen wurden die Särge oberirdisch untergebracht. Manche der Grabstätten sind bis heute top in Schuss, andere verwittern malerisch. Wer sich mit portugiesischen Prominenten auskennt, pilgert zu den Gräbern von Fado-Sängern, Schriftstellern und Politikern.

Die Anreise ist ebenfalls eine, nun ja, Reise wert. Direkt vor dem Friedhof endet die Route der Tram 28E. Sie gilt als Wahrzeichen Lissabons und passiert auf ihrem Weg durch schmale Gassen alle Sehenswürdigkeiten.

# Lässig in Lissabon

## Abtauchen

1

Wenn manche Menschen sich ein Aquarium kaufen, um beim Anblick der Fische zur Ruhe zu kommen – wie tiefenentspannend muss dann erst der Besuch des größten Indoor-Aquariums Europas sein? Auf dem früheren Expo-Gelände kannst du genau das ausprobieren. Auf zwei Etagen siehst du Haie, Rochen und Mondfische. Herzerweichend sind die Pinguine am künstlichen Gletscher zu betrachten. Ein Vorbild an Lässigkeit sind die Seeotter. Die können sich keine bessere Tagesbeschäftigung denken als essen und sich treiben lassen.

*Oceanário de Lisboa · Esplanada Dom Carlos · oceanario.pt*

## Crème de la Crème

2

Seien wir ehrlich, ohne akute Abhängigkeit von den Vanillecremetörtchen *pasteis de nata* (Foto re.) kommst du aus dem Lissabon-Urlaub nicht heim. Die gute Nachricht: Das Urlaubsgefühl kannst du zu Hause reproduzieren. Wie? Das erklärt João, dessen Familie die *Pastelaria Batalha* in der fünften Generation führt. In den heiligen Hallen lernst du, wie entspannend das Rühren von Creme sein kann. Frisch aus dem Ofen probierst du die Pasteis mit Kaffee oder dem typischen Kirschlikör Ginjinha. Der zweistündige Kurs erfordert keine Backerfahrung, nur Lust auf Süßes.

*Pasteis-de-Nata-Workshop in der Pastelaria Batalha · Avenue du Parc 5 · pasteldenataworkshop.com*

## Ein bisschen Strand muss sein

**3**

Eine alte Regel für jeden Städtetrip: Wenn eine Stadt in Spuckweite vom Atlantik liegt, ist ein Strandtag einzulegen. Der Vorortzug vom Lissaboner Bahnhof Cais do Sodré braucht nur 20 Minuten bis nach *Caxias* und stimmt dich mit wunderbarem Blick über den Tejo schon mal aufs Runterkommen ein. In dem 10.000-Einwohner-Ort liegt der Sandstrand direkt vor der Bahnhofstür. Die kleinen Boutiquen und Fischrestaurants für die Erholung vom Sonnenbad sind auch nicht weit.

*Praia de Caxias*

## Weitsichtig

**4**

Welcher Park mit bestem Ausblick auf Lissabon darf's denn sein? In einer Stadt mit sieben Hügeln fällt die Entscheidung schwer. Der *Parque Florestal de Monsanto* ist der größte und grünste. Hier lässt sich zwischen Eukalyptus und Pinien spazieren und picknicken. Der dazugehörige Panoramapunkt war früher schon Edelrestaurant, Bingo-Halle und Nachtclub. Heute lässt sich von hier bis weit über den Tejo und ans Meer schauen.

*Panorâmico de Monsanto · Estr. da Bela Vista*

## Gib dir die Kugel

**5**

Das Leben ist kein Bällebad? Oh doch! Zumindest in diesem Hostel in der Innenstadt. Stürz dich in über 70.000 weiche Plastikbälle, die den riesigen Pool im Keller füllen und explizit auf Taucher im Erwachsenenalter warten. Hier kannst du abhängen und deinem inneren fünfjährigen Ich ein High Five geben. Wem beim Baden ein Quietscheentchen begegnet, der darf sich auf ein Gratisgetränk freuen. Leider steht das Angebot nur Gästen des Hostels offen. Die dürfen zudem im hübschen Innenhof in der Sonne grillen und sich zwischendurch unter den Außenduschen abkühlen.

*Bällebad im Hub New Lisbon · Rua de O Seculo 150 · hostelshub.com*

Probier Gastro-Trends auf dem Mercado da Ribeira

# Wenn du schon mal da bist …

## Hop-on-Hop-off
Alle möglichen Wasserfahrzeuge tummeln sich auf dem Tejo – wunderbar! Diese günstige Version fehlte noch: das *Lisboat*. Das blaue Schiffchen tuckert den Fluss entlang und lässt dich an verschiedenen Sightseeing-Haltestellen (Cais do Sodré, Ribeira das Naus, Torre de Belém) an Land springen – und dann wieder an Bord. WLAN hat's auch.
*lisboat.com*

## Im süßen Himmel
Filiale der berühmten Klostersüßigkeiten aus Alcobaça: Zwischen wunderschönen Azulejos von Querubim Lapa regieren Eier und Zucker: „Himmelsspeck", „Füllhörner" und „Eierkastanien"; dazu kommen moderne Interpretationen. Der hervorragende Kaffee und die *doces conventuais* werden im Stehen am Tresen konsumiert. Das Topfoto zum Posten wird vor dem kachelgefassten Doppelspiegel geschossen.
*Alcôa · Rua Garrett 37*

## Portugiesischer Blues
Dem Fado mit seiner melancholisch-sehnsuchtsvollen Grundstimmung begegnest du an allen Ecken der Altstadt. Dienstags und donnerstags singt der graumelierte Gentleman-Fadista Zé da Câmara im kuscheligen *Café no Chiado:* tolle Präsenz und eine Stimme weich wie Samt. Reservieren!
*Café no Chiado · Largo do Picadeiro 2 · cafenochiado.com*

## Gastro-Ritt
Ein Gang durch den *Time Out Mercado da Ribeira* ist ein Ritt durch die örtliche Trendgastronomie: Gourmethamburger, Wok-Küche, Fusions-Sushi, Sandwiches im Süßkartoffelbrötchen, Portwein-Probierstand, Satelliten der Starköche der Stadt plus „normaler" Wochenmarkt. Die Lisboetas lieben es, sich an den langen Tischen durch ihre hippe Gastroszene zu probieren; ein guter Anlaufpunkt ist Marlene Vieiras Stand. Lebensmittel, Konserven, Marmeladen, Schokokuchen und Co. können auch zum Mitnehmen gekauft werden.
*Time Out Mercado da Ribeira · Av. 24 de Julho · timeoutmarket.com/lisbo*

## Eat local!
In dieser Sandwichbar mit frischen Fruchtsäften verpflegen sich Lisboetas. Spezialität des Hauses: *sande de leitão*, Spanferkelsandwich.
*A Nova Pombalina · Rua do Comércio 2*

## Kizomba & Co.
Im pinkfarbenen Gebäude am Fluss trifft sich die afrikanische Community zu Kizomba, Zouk & Co., Livemusik und DJs; Damen werden unkompliziert aufgefordert. Das Rauchverbot wird lax gehandhabt.
*B.Leza · Cais Gás 1 (Armazém B), Ecke Rua da Cintura do Porto de Lisboa · Facebook: BlezaClube*

## Vergangene Größe
Mit dem *Marinemuseum* (Foto) – vollgestopft mit Modellen von Fischerbooten, Walfangschiffen, Rudergaleeren, Fregatten, Karavellen, Segelyachten, Kreuzern, Öltankern – setzte sich die Seefahrernation Portugal ein Denkmal. Vom Zeitalter der Entdeckungen zeugen auch Landkarten, Instrumente und Bordgeräte, Logbücher sowie Gemälde. Einige hundert Meter entfernt stach vor über 500 Jahren die Armada von Vasco da Gama in See.
*Museu da Marinha · Praça do Império · museu.marinha.pt*

## Das geht in die Beine
Warum sind die verflixten Raucherbars immer die nettesten? Im Keller der Chapitô-Terrasse kannst du dir jeden Abend Musik geben: Fado, Weltmusik und am trüben Montag der fesche Clube do Choro: Ukulele, Tamburin, Geige, Saxophon – absoluter Kult, der in die Beine geht.
*Bartô · Costa do Castelo 7 · facebook: Barto*

## Frisch gefliest

Ohne das *Kachelfliesenmuseum* zu besuchen, sollte man auf keinen Fall die Stadt verlassen. Am besten lädt man sich an der Rezeption die Gratis-App herunter; sie ersetzt den Audioguide und erklärt die Megasammlung der für Portugal so typischen Kunst der Fliesenmalerei – von den maurischen Anfängen bis ins 21. Jh. Nicht das Prunkstück im 3. Stock verpassen: das 35 m lange Azulejopanorama Lissabons vor dem Erdbeben. Der Aufgang ist portugiesisch diskret, um nicht zu sagen etwas versteckt. Untergebracht ist das Museum im „Muttergottes-Konvent", dem Convento da Madre de Deus von 1509. Und niemand kann sich dem Charme des Caférestaurants entziehen. Besonders an heißen Tagen lässt es sich hier unter Palmen gut aushalten.

*Museu Nacional do Azulejo · Rua Madre de Deus 4 · museudoazulejo.pt*

## Wahl der Farben

Sexiest WC on earth: Wer einen Euro rüberschiebt, erkauft sich hier einen stilvollen Klobesuch mit freier Farbwahl beim Toilettenpapier; die bunten (v. a. schwarzen!) Klorollen der portugiesischen Firma *Renova* sind ein Designhit. Keine Sorge, das Erforschen des Ladens ist gratis. Super als Mitbringsel sind die Servietten mit Lissabon-Motiven.

*Renova · Terreiro do Paço, in den Arkaden der Praça do Comércio · myrenova.com*

*Früher war hier mal eine Wursthandlung, heute warten 200 Portweine kleiner Produzenten in diesem kuscheligen Baixa-Laden drauf, probiert zu werden. Ob Ruby, Tawny oder Weiß, ob Basic-Tasting oder richtig teure Stöffchen, den Port-Sommeliers Gustavo und Filipe merkt man die Leidenschaft an. Donnerstagabends lockt eine klasse Kombi: Fado inkl. einem gepflegten Glas Portwein für nur 10 Euro!*

INSIDER-TIPP
Guter Tropfen & gute Unterhaltung

*Portologia · Rua de São Julião 34 · portologia.com*

## Auf und nieder

Die charakteristischen Standseilbahnen (Foto li.) und Aufzüge verbinden die Unter- mit der Oberstadt. Wer den Trip im eisernen Turm des *Elevador de Santa Justa* von oben nach unten angeht, muss nicht so lange anstehen! Er ist der Star der *elevadores*, gebaut hat ihn ein Schüler Gustave Eiffels.

*Elevador de Santa Justa · Metro Baixa-Chiado*

## Ohne Fisch und Fleisch

Der ruhig-coole begrünte „Botaniker" ist der beste Beweis dafür, wie weit veganes Essen in den letzten Jahren gekommen ist, selbst im fisch- und fleischfixierten Lissabon. Die Besitzerin des Vegan Food Project 26 in Chiado, das portugiesische Klassiker veganisiert, hat sich hier in kreative Höhen aufgeschwungen, etwa mit schwarzen Spaghetti (Aktivkohle!) mit Spargel, Cherrytomaten und getrüffelten Pilzen.

*O Botanista · Rua Dom Luís I 19 · facebook: O Botanista*

## Ruhe vor der Szene

Unter Bäumen sprudelt ein Springbrunnen, Holzbänke und Open-Air-Café bieten einen Ruhepunkt, bevor man zum Szeneviertel Príncipe Real weitergeht. Phantastische Aussicht auf das alte Lissabon!

*Miradouro São Pedro de Alcântara · Metro Restauradores, dann Elevador da Glória*

Aus Fado mach Street-Art – im Altstadtviertel Alfama

Fußfaul gelangt man mit dem Elevador de Santa Justa von der Baixa in die Oberstadt

## 45
## Meter

hoch ist der Elevador de Santa Justa.

## 54
## Liter Wein

trinkt statistisch gesehen jede(r) Lissabonner(in) im Jahr. Landesrekord.

## 12,345
## Kilometer

lang ist die Vasco-da-Gama-Brücke über den Tejo.

## 13,5
## Prozent

Steigung muss die nostalgische Straßenbahn-Linie 28 auf ihrer Fahrt hochklettern.

## 1300
## Kacheln

sind im Fliesenbild im Azulejo-Museum verarbeitet, das Lissabon vor dem Erdbeben von 1755 darstellt.

## 270.000
## Mitglieder

machen Benfica Lissabon zum mitgliederstärksten Sportverein der Welt.

# Shan

*Seit Jahrtausenden wird in China die innere Mitte gesucht und gefunden. In Shanghai erholt man sich demnach traditionell professionell.*

# ghai

Schwindelfrei? Blick ins Atrium des Grand Hyatt Hotels

# Über den Wolken

Shanghai als Stadt, die niemals schläft, zu bezeichnen, wäre untertrieben. Schließlich rotiert sie an 365 Tagen im Jahr 24 Stunden lang unter 1000 Volt Spannung mit 240 Sachen und 180 Dezibel um sich selbst. Gar nicht so einfach, hier Orte der Entspannung zu finden. Doch unmöglich ist es nicht.

In der *Cloud-9-Bar (88 Shi Ji Da Dao · shanghai.grand.hyatt.com)* des Jin Mao Buildings helfen dir 87 Stockwerke Abstand zur Metropole unter dir, um mental runterzukommen. Die Bar gehört zwar zum luxuriösen Hyatt-Hotel, externe Gäste sind aber ebenfalls willkommen. Sparfüchse wissen das zu nutzen: Der Eintritt, den du vor der 45-sekündigen Fahrstuhlfahrt in fast 400 Meter Höhe zahlst, wird mit den Getränken (und der dazu gereichten riesigen Schale Erdnüsse) verrechnet. Die Aussichtsplattform in der 88. Etage bietet diesen Service nämlich nicht. So kannst du deinen Tee oder Cosmopolitan in aller Ruhe schlürfen. Aus der Ferne wirkt die Lichtshow der Großstadt vor den Fenstern dann fast meditativ. Vergiss vor dem Abstieg nicht, dir den Kern des Gebäudes anzuschauen. Der Blick geht von allen Stockwerken des Hotels bis nach unten zur Lobby in die Tiefe.

# Chillen chinesischer Art

## Café au Wau

**1**

Welpen! Allein der Gedanke lässt einem das Herz erweichen. Hier kannst du mit ihnen kuscheln und ihr flauschiges Fell streicheln. Klingt gut? Ist es auch, und in Shanghai möglich. Schon vor einiger Zeit wurde dort die beruhigende Wirkung des Haustier-Streichelns in Kombination mit Kaffee und Kuchen entdeckt. Zunächst an Katzen erprobt, wurde das Konzept Tiercafé auf kuschelaffine Hunderassen ausgeweitet. Ein erfahrener Tiertrainer sowie die Betreiber garantieren, dass es den Flauschknäueln gut geht. Tierfreunde können also mit gutem Gewissen vorbeischauen.

*Puppy Cubby Café · 382 Shaanxi Nan Lu · Facebook: puppycubbycafe*

## Muskel, lass los!

**2**

Ohne eine richtige, traditionelle, technisch von vielen hundert Jahren Erfahrung profitierende Massage solltest du China nicht verlassen. Ein guter Ort, an dem du auch verstanden wirst, wenn du auf Englisch „Rückenschmerzen“ und „bitte nicht so fest“ sagst, ist die *Yu Massage*. Vier Filialen finden sich im Zentrum. Zwischen Bambus, Lampions und Räucherstäbchen lassen du und deine Muskeln allen Stress des Pflastertretens fallen. Zum Abschluss noch ein Glas Tee, und du bist bereit, ab nun durch die Stadt zu gleiten (zumindest gefühlt).

*Yu Massage · 199 Huangpi Bei Lu · yumassage.cn*

# Regentanz

**3**

Mit Parks und Gärten in Chinas Städten ist das so eine Sache. Grün und wunderschön angelegt sind sie. Nur die Ruhe kommt angesichts der Menge erholungsbedürftiger Menschen etwas zu kurz. Das trifft leider auch auf den *Yu Yuan* (Foto S. 122 re.) zu – kein Wunder: Der Privatgarten aus dem 16. Jahrhundert zeigt alles, was chinesische Gartenbaukunst kann. Doch es gibt einen Ausweg: Wer geht schon gern im Regen spazieren? Du! Es ist ruhiger, das Grün noch satter, und kaum etwas meditativer als das Geräusch dicker Regentropfen, die auf Bananenstaudenblätter platschen.

*Yu Yuan · 218 Anren Lu*

# Spa bis unters Dach

**4**

Sieben Stockwerke Wellness, gekrönt mit einem Dachgarten samt Bar und Restaurant. Wer hier das Abschalten nicht schafft, dem ist wirklich nicht zu helfen. Du pendelst zwischen Whirlpool, Pool, Massage, Sauna und kuschligen Liegen munter durchs Haus – nicht zu vergessen ein Abstecher nach ganz oben! Die Badebereiche sind nach Geschlechtern getrennt; überall sonst mischt man sich.

*Cheersum Spa · 430 Caoyang Lu*

# Kampflos glücklich

**5**

Bis du die chinesische Kampfkunst Tai Chi (Foto) so perfekt beherrschst, dass sie ihre meditativen Aspekte entfaltet, dauert es leider. Dafür reicht dein Urlaub nicht. Aber anderen zuschauen, wie sie ihren langsamen Tanz vollführen, kann auch schon ungemein beruhigen. Daher stehst du einmal richtig früh auf und gehst in den *Fu Xing Gong Yuan* – oder einfach jeden anderen nächstgelegenen Park. Zwischen sechs und sieben (ja, früh heißt früh) wird dort von Profis Tai Chi praktiziert. Setz dich auf eine Bank, lausch dem Vogelgezwitscher und genieß dazu dein Wachmachergetränk.

*Taichi im Fu Xing Gong Yuan · 105 Yandang Lu*

Dieser Buddha ist einfach relaxt – sei wie der Buddha!

# Wenn du schon mal da bist ...

*Wenn du schon in Shanghai bist, mach doch mal einen Abstecher nach Suzhou: Wangshi Yuan, der kleinste der berühmten Gärten von Suzhou, ist perfekt. Von März bis November wandert man um 19.30 Uhr im „Garten des Meisters der Netze" im Laufe von zwei Stunden grüppchenweise von einer Station zur nächsten. Musik, Opernarien, Tanz und Burleske – vor allem bei wenig Andrang in der Nebensaison ein einzigartiger, stilvoller Genuss.*

INSIDER-TIPP Musik im Garten

*Wangshi Yuan · Suzhou, Nebengasse der Daichengqiao Lu*

## Kitsch ist Trumpf

So sieht der Feierkult der jungen Shanghais aus: Goldene Sofas und pompöses Schnitzwerk prägen diesen barocken Club. Hier tanzen nur die Poledancer (alles andere wäre uncool), und der Alkohol fließt unaufhörlich. Montags und mittwochs Ladies' Night und Open Bar für 100 Yuan.

*Phebe Club · Hengshan Lu 10, Nähe Gao'an Lu ·Xuhui*

## Wie das duftet

Mit Kumin angebratenes Lammfleisch und frisch gebackenes Brot! Haltet sie hoch, die Kochkunst von Chinas nordöstlicher Minderheit! Die Xibo stammen aus der Mandschurei, und ein Hauch Folklore ziert die Wände des Lokals, das sich aber ansonsten angenehm modern gibt. Der Besitzer engagiert sich im Umweltschutz und in sozialen Projekten seines Heimatvolks – da schmeckt es gleich noch mal so gut!

*Xibo · Changshu Lu 83, Nähe Julu Lu · Jing'an*

## Grandios

Ein grandioses Erlebnis, im Restaurant *100 Century Avenue* einen Cappuccino zu trinken, die gigantische Metropole mit dem Huangpu-Fluss zu Füßen, und auf das Jin Mao Building hinabzublicken. Höher kann man beim Essen nicht hinaus. Bei knapper Kasse lohnt sich das *Set Menue* zur Mittagszeit.

*100 Century Avenue im Park Hyatt · Century Ave. (Shiji Dadao) 100 · shanghai.park.hyatt.com · Pudong*

## Poetisch

So poetisch wie der Name dieser Porzellanmanufaktur ist auch ihr außergewöhnliches Geschirr. Die traumschönen Entwürfe stammen u. a. von der überragenden Keramikerin Hai Chen, die alte Techniken und Formen modern interpretiert und zeitlose Objekte schafft. Im Erdgeschoss kannst du für 150 Yuan eine Tasse erwerben – mit leichter Hand bemalt, wunderschön mit blauen oder roten Blüten. Im Obergeschoss muss man tiefer in den Geldbeutel greifen und Platz im Koffer schaffen. Macht man gerne für Liebhaberstücke!

*Blue Shanghai White · Fuzhou Lu 17, Raum 103 · Huangpu · blueshanghaiwhite.com*

## Charmante Burschen

Mit diesem Charme kriegt er jeden Besucher! Wenn der größere der birmanischen Jadebuddhas, von denen das Heiligtum seinen Namen hat, selig lächelt, kannst du nicht anders: Du musst einfach zurücklächeln. Der kleinere der beiden, ein liegender Buddha, wirkt zwar ernster, aber genauso unschuldig. Kein Wunder, dass das Tempelkloster extra für diese Figuren gebaut wurde. Ein Mönch hatte sie 1880 aus dem heutigen Myanmar mitgebracht. Die Buddhas hatten schnell viele Fans und damit reichlich Spender. Denen ist die Unzahl weiterer Figuren zu verdanken, darunter die Barmherzigkeitsgöttin Guanyin, die in China populärste buddhistische Gestalt.

*Jadebuddhatempel · Anyuan Lu 170*

## Über den Tellerrand

Erfinderische Shanghai-Küche mit Blick in alte Shikumen-Gassen. Probier unbedingt die geschmorten Garnelen in Chilisauce, das frittierte Rinderfilet mit Pilzen oder die Gänseleber.
*Yè Shanghai · Huangpi Nanlu 338 · Xintiandi · Huangpu*

## Zum Selbermachen

Dicht an dicht drängen sich die Stände mit Stoffen, Knöpfen und natürlich fertigen Schnittmustern (kl. Foto). Auch hier gilt: Vor dem Kauf genau hinschauen. Wer selbst gern näht, findet hier die Accessoires, die zu Hause deutlich teurer kommen.
*Shiliupu-Stoffmarkt · Zhongshan Lu · Huangpu*

## Nichts als Tee

Drei Stockwerke Tee, Teegeschirr und alles für den Teefreund. Darunter viel Günstiges aber auch hochwertige Ware, deren Preis den Atem stocken lässt. Schöne Mitbringsel: Teekugeln, die beim Aufgießen eine Blütengirlande freigeben (Flower Tea) und Osmanthus-Tee.
*Tianshan Tea City · Zhongshan Xilu 520 · Changning*

## Pulstreibend

Wie in einem Schatzkästchen sitzt man hier an der grünen, einer Schatulle aus Jade nachempfundenen Bar – und genießt eine himmlische Aussicht auf die Uferpromenade (Bund), die den Herzschlag erhöht.
*Jade on 36 Bar · Fucheng Lu 33, Turm 2 des Hotels Pudong Shangri-La · Pudong*

## Chinesische Romantik

Hier schlägt das Herz der Stadt. Zwar wurden viele der scheinbar historischen Gebäude der *Altstadt* im alten Stil neu aufgebaut, doch im Basarviertel herrscht quirliges Treiben. Weitgehend originale Atmosphäre findet sich noch in Gassen wie der Anren Jie. Hier wohnen und arbeiten die Menschen noch wie vor hundert Jahren. Das gesellige Leben findet vor der Haustür statt. In der Fangbang Lu (Old China Street) gibt es 1001 Souvenirs zu erstehen. Am schönsten ist es hier am frühen Abend, wenn rote Laternen die Straße mit den Läden beleuchten und in der Ferne die Lichter in den Hochhäusern erstrahlen.
*Chinesische Altstadt*

## Suppe schlürfen mit den Mönchen

Eine anmutige Pagode steht vor dem Haupttor der wohl schönsten Tempelanlage von Shanghai. Trotz des Baubooms im ganzen Stadtteil hat der prächtige „Tempel der Drachenblume" seinen ruhigen Charme bewahrt. Der monotone Gesang der Mönche zum Klang der Fischmaultrommel erfüllt die Luft. Betend ziehen sie nach dem Morgengebet, vor 12 Uhr und vor ihrem Mittagessen, durch die fünf Hallen. Auch du kannst dich um diese Zeit im rechten Seitenflügel mit einer ausgezeichneten vegetarischen Nudelsuppe stärken.
*Longhua Tempel · Longhua Lu 2853 · Xuhui*

## Einmaliger Frühsport

Beim Laufen mal richtig Gas geben, das geht am besten in Pudong im *Century Park*. Die Parklandschaft ist dank des Eintrittspreises von 10 Yuan nicht überlaufen. Die Strecke, je nach Route 4 bis 6 km lang, führt durch Blumenwiesen, kleine Wälder, an Seen und Flüssen entlang. Falls du vor 8 Uhr läufst, kannst du auch deine Runde vor der einmaligen Kulisse der Bund-Promenade drehen. Atmosphärisch ist das nicht zu schlagen. Es tut auch jeder andere Park – nur allein ist man ganz sicher nicht, denn die chinesischen Sportler sind allesamt Frühaufsteher.
*Century Park · Jinxiu Lu 1001*

## Fische gucken

Wenn schon Wasser, dann richtig! 10.000 Arten, darunter Quallen, Rochen und Haie, haben ihr Zuhause im *Shanghai Ocean Aquarium*. Und es nennt den längsten Unterwassertunnel der Welt sein Eigen: 168 m lang. Nicht nur für Kinder eine tolle Sache!
*Shanghai Ocean Aquarium · Lujiazui Ring Road 1388 · sh-aquarium.com*

Viel Platz zum Flanieren mitten in Shanghai – Century Park

Kreativsein entspannt und verbindet Jung und Alt

**25**
**Prozent**

aller Baukräne der Welt drehen sich in Shanghai.

**650**
**Kilometer**

lang ist das Streckennetz der U-Bahn: das längste weltweit.

**632**
**Meter hoch**

ist der Shanghai Tower, das höchste Gebäude der Stadt.

**5 Mio.**
**Wanderarbeiter**

sind im Großraum Shanghai beschäftigt.

**3**
**Tonnen**

wiegt der Sitzende Buddha im Jadebuddhatempel.

**82,5**
**Jahre**

beträgt die Lebenserwartung der ShanghaierInnen.

„Nordpol
Ich bevo
den Ruh

Marco Polo Senior

Südpol?

„uge
pol.“

# Kopen

***Alles hygge oder was? Kopenhagen mag weder Stress noch Lärm und lädt zur Erholungskirmes, zum Baden im Hafen und Hochhausgärtnern ein.***

# hagen

Wer in Kopenhagen keine Badesachen im Gepäck hat, ist selbst schuld

# Das Meer so nah

Städtereisen haben oft einen Nachteil: Der Strand zum entspannten Baden im Wasser sowie in der Sonne ist weit. Kopenhagen ist dieser geografische Fehler nicht passiert. Es war eine gute Idee, sich auf mehreren Inseln direkt am Öresund niederzulassen. Zur Belohnung wird Kopenhagen ständig irgendwo zur lebenswertesten Stadt der Welt gewählt.

Auf dem Weg zur exzessiven Erholung musst du dich daher nur entscheiden, ob du aufs oder ins Wasser willst – oder beides? Allein am Hafen (ganz recht: hier ist alles supersauber, sogar das Hafenwasser) stehen mehrere *Freibäder (Kopenhagener Bäderbetriebe · svoemkbh.kk.dk)* zur Auswahl. Am bekanntesten ist das auf der Insel Brygge. Im Öresund paddeln, etwa am Stadtstrand Svanemøllestranden, geht auch. Alternativ schipperst du per *GoBoat (goboat.dk)* solarbetrieben durch die Kanäle und gönnst dir ein zum Sonnenuntergang passendes Glas Roséwein. Oder du besteigst ein Whirlpool-Boot von *Copenhot (copenhot.com)* und fährst damit im Hafen herum. Bis zu fünf Personen passen in die mobile Badewanne mit 40 Grad Wassertemperatur und Skipper an Bord, damit du dich selbst nur ums Gut-Gehen-Lassen zu kümmern brauchst.

# Behaglich in Kopenhagen

## Hygge to go

**1**

Sich im Urlaub zu entspannen, ist keine Kunst. Doch wie transferiert man dieses Gefühl von Bequemlichkeit, Gemütlichkeit, Sorglosigkeit (Dänen sagen dazu „hygge“) in den Alltag? Indem man sein Zuhause ordentlich durchhyggisiert! Ausreichend Inspiration dafür wirst du im Designmuseum bekommen. Schlicht und schön und dabei wahnsinnig gut aussehen – die Dänen können das.

*Designmuseum Danmark · Bredgade 68 · designmuseum.dk (wegen Renovierung geschlossen bis Anfang 2022*

## Komm in die Kommune

**2**

Yoga, Meditation, kein Autolärm, dafür freier Verkauf von Cannabis. Warum genau es in der selbsternannten *Freistadt auf der Stadtinsel Christianshavn* (Foto re.) so entspannt zugeht, findest du am besten selbst heraus. 1971 wurde ein ungenutztes Militärgelände besetzt und seitdem lebt man hier in der autonomen Kommune. Gäste dürfen Street-Art, Konzerte sowie die lustigen bunten Häuschen bewundern und an Workshops teilnehmen. Die Einwohner sind dem Kapitalismus so weit zugetan, als dass auch Führungen buchbar sind.

*Freistadt Christiana · christiania.org*

# Brot und Spiele

**3**

Achterbahn trifft Orangerie, Pergola trifft Geisterbahn, und das seit bald 200 Jahren. 1843 eröffnete der *Vergnügungs- wie Erholungspark* in Kopenhagens Zentrum. Gründer Georg Carstensen schwatzte König Christian VIII. das ehemalige Militärgelände mit einer guten Begründung ab. Menschen, die sich amüsieren, denken nicht über Politik nach, meinte er. Warum sollten sie auch, im Angesicht von Blumenrabatten und Zuckerwatte?

*Tivoli · Vesterbrogade 3 · tivoligardens.com*

# Park Kunterbunt

**4**

Eine Schaukelbank wie in Bagdad, Picknicktische wie in Armenien, die Elefantenrutsche aus Tschernobyl – und der Springbrunnen gehört vom Design her eigentlich nach Marokko. Der *Landschaftspark Superkilen* ist so multikulturell wie seine Nachbarschaft im Arbeiterstadtteil Nørrebro. Seit der Eröffnung 2012 wurde seine Gestaltung mit Preisen überhäuft. Du kannst hier Design-Bewunderung mit Abhängen verbinden. Ob Schachspiel unter chinesischen Palmen oder Lesen auf brasilianischen Parkbänken – internationaler kann ein Parkbesuch nicht sein.

*Landschaftspark Superkilen · Nørrebrogade 210*

# Ein Dach für alle Fälle

**5**

Eine muntere Gesellschaft an einem großen Tisch mit vielen Schüsseln, deren Inhalt zum Teil vorhin noch vor der Tür im Garten wuchs; Blätterrauschen; Lampionbeleuchtung … Fast wie bei Oma auf dem Land! Das Stadtleben könnte kaum ferner sein, dabei trennt nur eine Wendeltreppe die *Dachgartenfarm ØsterGRO* vom Großstadtkrach. Zu festen Zeiten (vorher reservieren!) serviert das kulinarische Team des dazugehörigen Restaurants leckere Menüs im Gewächshaus. Wer lieber beim Gärtnern entspannt, kann immer mittwochs tagsüber zum freiwilligen Helfen vorbeikommen (Infos unter *oestergro.dk*).

*Gro Spiseri · Æbeløgade 4 · grospiseri.dk*

Kopenhagens Geschenk an Radfahrer: „Cykelslangen", eine Brücke über's Hafenbecken

# Wenn du schon mal da bist …

## Rot und Weiß

Flaggentücher in Hülle und Fülle: Die echten Dannebrogs (Foto re.) sind unverwechselbare Schmuckstücke in jeder Ausführung, von der Papierfahne am Zahnstocher für das kalte Buffet bis zum Tuch für den Mast im Garten.
*Dahls Flgafabrik · Nørre Voldgade 25 · dahls-flag.dk*

## Dänisches Design

Schade, der Sessel passt nicht ins Auto. Und der Teppich? Träumen kann man ja mal im Einrichtungshaus des *Illum*-Kaufhauses, das 100 m entfernt liegt. Hier bekommst du alles in Sachen dänisches Design – im Erdgeschoss auch bezahlbare Kleinigkeiten wie witzige, coole Küchenutensilien.
*Illums Bolighus · Amagertorv 10*

## Selbst für Kunstmuffel

Welch eine beglückende Erfahrung, auch für weniger Kunstinteressierte. *Louisiana* ist ein geniales Zusammenspiel von Kunst und Natur mit dem Øresund als Kulisse. Wie zufällig stehen Skulpturen von Henry Moore und Richard Serra in der Parklandschaft. Raffiniert haben die Architekten in den Ausstellungsräumen das Zusammenspiel von Licht und Aussicht genutzt, um die Grenzen zwischen Drinnen und Draußen aufzuheben. Da wird der Ausflug mit dem Regionalzug nach Humlebæk zum Spaziergang durch die moderne Kunst.
*Louisana Museum for Moderne Kunst · Gamle Strandvej 13, Humlebæk · louisiana.dk*

## Hafentour

Dass Kopenhagen nah am Wasser gebaut ist, kannst du als Fußgänger, Jogger oder Fahrradfahrer auf dem 13 km langen Uferweg *Harbour Circle Tour* nicht übersehen. Tolle Aussichten auf die Stadt und fünf Brücken inklusive Höhepunkt ist die kunstvolle *Cirkelbroen*. Beim Flanieren, im Laufschritt oder auf dem Fahrrad, auf der ausgeschilderten Harbour Circle Tour kommst du gut in die Gänge und sammelst tolle Fotomotive.
*visitcopenhagen.com*

## In die Pedale treten

Du möchtest dich dem Kopenhagener Tempo anpassen? Wenn du nicht dein eigenes Rad mitbringst, dann buch im Internet ein City Bike mit Elektromotor und Navigationssystem – die ersten Minuten sind kostenlos. Außerhalb der Rushhour kannst du dein Rad kostenlos im Fahrradwagen der S-Bahn mitnehmen.
*rentabike.dk · bycyklen.dk · baisikeli.dk*

## Rezeptfrei

Tagsüber ist es ein Café, bei dem du auch draußen sitzen kann. Zu später Stunde mutiert die alte Apotheke in Vesterbro zur Bar und Disko. Der DJ erfüllt Musikwünsche.
*Bang & Jensen · Istedgade 130 · bangogjensen.dk*

*Wer mit dem Kreuzfahrt- oder Fährschiff ankommt, kann das gewaltigste Umstrukturierungsprojekt Kopenhagens wie die Einfahrt in Skandinaviens Neue Welt empfinden. Bis etwa 2030 werden hier 40.000 Menschen leben und arbeiten. Im Århusgadekvarteret kannst du schon in die Hafencity eintauchen. Weil's zwischen den Gebäuden eng ist, wurde die Fläche zum Austoben einfach aufs Parkhaus gelegt: Das Konditaget Lüder ist viel mehr als nur ein Dachgarten, sondern auch eine Fitnessplaza mit grandiosem Meerblick.*

INSIDER-TIPP
Möwenperspektive

*Nordhavn · nordhavn.dk · aarhusgadekvarteret.dk*

## Bei der Meerjungfrau nachts um halb eins

Sie ist so klein und süß, dass sie mancher sicher gern mitnehmen würde. Erlitten hat die kleine Meerjungfrau aber schon viel – angefangen mit dem Streit zwischen dem Big Spender, Bierbrauer Carl Jacobsen, und ihrem Erschaffer Edvard Eriksen. Man einigte sich schließlich, und die einem Märchen von Hans Christian Andersen entsprungene Bronzefigur bekam schlanke Beine statt Flossen, Schwimmhäute statt Füße. Über die Jahre wurde ihr der Kopf abgesägt, sie ins Wasser gestoßen, mit Farbe traktiert. Dabei wirkt sie, gemessen an anderen Attraktionen der Stadt, eher belanglos. Du erfährst hier mehr über touristische Hypes als über die Liebe, denn darum geht es in der bittersüßen Geschichte des Märchenautors. Wenn du die Meerjungfrau am Innenhafen unbedingt sehen möchtest, besuch sie nachts, dann hast du sie für dich allein – vielleicht.

*Den Lille Havfrue (Kleine Meerjungfrau) · Langelinie*

## Pølsevogn-Parade

Die fahrbaren Würstchenbuden werden jeden Morgen auf Straßen und Plätze gefahren. Kopenhagen wäre ärmer ohne die vielen *pølsevogn*. Mittags zur *frokost* schmeckt ein typisch dänischer Hotdog mit Ketchup, Mayonnaise, Gurken und Röstzwiebeln, z. B. auf dem Amagertorv.

*Pølsevogn (Würstchenbuden)*

## Hygge

Ob in Korbstühlen draußen oder drinnen am weiß gedeckten Bistrotisch – hier trifft sich ganz Christianshavn bei einem Sandwich oder Fischgericht. Erfreuliche Preise.

*Oven Vande · Overgaden Oven Vandet 44*

## Wein statt Blut

... fließt hier. Wo früher das Vieh geschlachtet wurde, kommt es heute auf die Gabel. In das alte Schlachtviertel sind Restaurants jeder Preisklasse eingezogen, wobei die weißen Kacheln noch das Interieur bestimmen. Im Hvide (weißen) *Kødbyen* spielt Kulinarik vom Würstchen bis zum Steak und Biosalat die Hauptrolle, dazu Galerien, Delikatessenläden, E-Lastenräder und Nachtclubs. Am Wochenende tummeln sich im Gebiet an den Eisenbahngleisen Feierwütige. Nebenan, im Brune (braunen) Kødbyen, den Stallungen, entfalten sich Kunst, Theater und Jazz. In den Øksnehallen gibt's Konzerte und Ausstellungen.

*Kødbyen · S-Bahn Dybbølsbro*

## Ziemlich eng

Typisch für Nørrebro: Alles mischt sich auf engstem Raum – Generationen, Religionen, Sprachen und Hautfarben. Gegessen und getrunken wird an Mobiliar vom Trödler.

*Props Coffee Shop · Blågårdsgade 5*

## Lutschen, nicht beißen

Die echten großen Bonbons, die man nur lutschen und nicht beißen kann, findest du hier. Der königliche Hoflieferant in Sachen Naschkram fertigt die Bonbons noch mit der Hand wie vor 100 Jahren.

*Somods Bolcher · Nørregade 36*

## Kunst und Palmen

Bierbrauer Carl Jacobsen sammelte vorwiegend Skulpturen, stellte diese in seinen Wintergarten und öffnete ihn für die Kopenhagener. Irgendwann war kein Platz mehr, und die kunstverliebten Jacobsens unterbreiteten der Stadt ein Angebot: Wir schenken euch die Sammlung, wenn ihr den Bau eines Museums unterstützt. Heute verfügt die *Ny Carlsberg Glyptotek* über die größte Sammlung von Werken Auguste Rodins außerhalb Frankreichs und Bilder von Édouard Manet, Claude Monet, Paul Gauguin und Paul Cézanne. Unter der Kuppel, die Alt- und Neubau verbindet, kannst du dir inmitten von Palmen, subtropischem Grün und einem plätschernden Brunnen eine Pause gönnen.

*Ny Carlsberg Glyptotek · Dantes Plads 7 · glyptoteket.dk*

Museum mit grüner Lunge: Ny Carlsberg Glyptotek

Entspannen im Café neben dem Christiansborg Slot

## 112,5
### Mio. Hektoliter

Bier braute die Kopenhagener Carlsberg Group 2019 und ist damit der viertgrößte Brauereikonzern der Welt.

## 106
### Meter

hoch ist der Turm des Christiansborg Slot.

## 1972

In diesem Jahr bestieg Königin Margrethe II. den dänischen Thron.

## 265.700
### Fahrräder

sind täglich in Kopenhagen unterwegs. Und nur 252.600 Autos.

## 23
### Fahrgeschäfte

warten im Tivoli auf Kundschaft.

## 1,25
### Meter

ist die Kleine Meerjungfrau klein.

Pots

*Nicht nur mit Zucht und Ordnung, auch mit gepflegtem Abschalten kannten Preußens Könige sich aus. Potsdam ist dafür nach wie vor der perfekte Ort.*

# dam

Nur ein bescheidener Sommersitz mit Seeblick: Schloss Babelsberg

# Relax royal

Berlin? Viel zu stressig! In Potsdam und damit gleich um die Ecke gibt es wahnsinnig viel Wasser und Platz, um hübsche Schlösser und feine Parklandschaften zu drapieren. Dort erholt es sich wie von selbst von der Arbeit bzw. dem Regieren. Das dachte sich schon Preußens Großer Kurfürst vor bald 400 Jahren. Was er und seine Nachfolger seitdem bauen und anlegen ließen, ist heute Unesco-Weltkulturerbe und ein optischer wie entspannender Genuss.

Pack die Picknickdecke ein, schnür die Flanierstiefel und auf geht's zum Park-Hopping: Im *Park Sanssouci (Zur Historischen Mühle 1)* gibt es mit dem gleichnamigen Schloss und dem Neuen Palais die beeindruckendsten Bauten zu entdecken – sowie viele Kleinode wie das Chinesische Teehaus, Schloss Charlottenhof oder Römische Bäder. Im *Neuen Garten (Am Neuen Garten)* genießt du von der Terrasse des Marmorpalais den Blick auf und danach ein Bad im Heiligen See. Und im *Park Babelsberg (Park Babelsberg 10)* hast du nicht nur eine phantastische Aussicht auf die Potsdamer Altstadt am anderen Ufer. Dank Geheimtipp-Status sind Besucher hier unter sich (alle Parks: *spsg.de*).

# Preußen macht blau

## Sauna ahoi

**1**

Bereit für die Tiefenentspannung? Dann nichts wie rauf aufs *Saunafloß*. Mit maximal sechs deiner Freunde schuckelst du über den Templiner See (Foto u.) vor den Toren Potsdams und musst nur noch die für dich richtige Mischung zwischen Saunakabine an Bord und abkühlendem Sprung in den See herausfinden. Auf Wunsch gibt's für Paare Sektempfang, für Mädelsrunden Eismasken und für besonders Gesundheitsbewusste Birkenaufguss und Birkenwasser. Auch abends lässt sich bei schummriger Beleuchtung ein heißes Ründchen drehen. Das Privatvergnügen erfordert Voranmeldung.

*Saunafloß · Campingplatz Himmelreich · Wentorfinsel 38, Caputh · havelsauna.de*

## Amazone für einen Tag

**2**

Tropische Wärme, farbexplosive Blumen und dabei den Schmetterlingen beim Flattern zuhören. Dafür muss man nicht bis in den Amazonas-Regenwald, sondern nur in den Volkspark aufbrechen. Der Besuch im *Tropenhaus* der Biosphäre Potsdam ist an sich schon ein Miniurlaub. Wer noch mehr will, kommt zum Tropenbrunch und schlürft Cocktails aus Kokosnüssen. Die Termine findest du auf der Website.

*Biosphäre Potsdam · Georg-Hermann-Allee 99 · biosphaere-potsdam.de*

# Lass dich treiben

**3**

Treten, rudern oder doch lieber paddeln? Die *Bootsvermietung* auf der *Freundschaftsinsel* macht alles möglich. Aber vergiss nicht, dich auf deinem Weg die Havel hoch und runter auch mal treiben zu lassen. Die Aussicht etwa auf das Palais Barberini am anderen Ufer ist es wert. Danach solltest du unbedingt auf der hübschen Parkinsel verweilen und im Inselcafé das Dream-Team Kaffee & Kuchen einnehmen.

*Bootsvermietung Moisl Freundschaftsinsel · Lange Brücke · bootsvermietung-freundschaftsinsel.de*

# Open-Air-Ommm

**4**

Wer Yoga mit frischer Luft kombiniert, erhält doppelte Entspannung. Als erfahrener Yogalehrer weiß Sebastian Kunze das. Zweimal in der Woche bietet er (in den Monaten mit dazu passendem Wetter) im Volkspark *Freiluftyoga* mit Meditations-Einsprengseln an. Dienstags geht er es etwas ruhiger an, sodass auch Neulinge mitkommen. Donnerstags wird Wissen vertieft (jeweils 19-20.30 Uhr). Damit auch Menschen mit wenig Geld ihre Portion Gelassenheit bekommen, soll jeder spenden, was er kann.

*Freiluftyoga · Holzdeck im Remisenpark (Eingang Viereckremise) · freiluftyoga.de*

# Promi-Plansche

**5**

Ein winziges bisschen Anstrengung erfordert es schon, so weit auf den *Heiligen See* hinauszuschwimmen, bis du perfekte Sicht auf die Villen von Günther Jauch und Wolfgang Joop hast. Aber davon kannst du dich auf der Wiese zwischen Bäumen an der Badestelle im Neuen Garten perfekt erholen. Kein Eintritt, kein Stress, und nicht mal Badebekleidung muss sein. Auch in Sachen Kultur der freien Körper ist man in Potsdam entspannt.

*Badestelle Heiliger See · Nördlich des Sees, unweit des Grünen Hauses*

Im Holländischen Viertel gibt's auch Neues für den Kleiderschrank

# Wenn du schon mal da bist …

## Very British
Noch so ein entspannter Ort: Der angenehme Laden hat neben Orangenmarmelade und Gin alles für die obligatorische Tea-Time im Angebot. Wer mag, verzehrt diese mit Scones gleich im angeschlossenen Café vor Ort. Das Full English Breakfast wird wie jedes Frühstück den ganzen Tag serviert.
*Slice of Britain · Dortustr. 53 · asliceofbritain.de*

*Auch dieses Gebäude im Neuen Garten hat eine royale Geschichte. Die darin untergebrachte Molkerei versorgte den Hofstaat. Dann wurde es Ausflugslokal, und das ist es heute wieder. Drinnen herrscht rustikaler Schick. Noch toller sitzt du im Sommer im Garten am Jungfernsee. Ach ja, das Essen: Burger, Soljanka, Grillhaxe. Dazu ein Hausbier und, für Vegetarier, Ziegenkäse vom Grill.*

INSIDER-TIPP
**Bier royal am See**

*Meierei · Im Neuen Garten 10 · meierei-potsdam.de*

## Chaotisch
Vom italienischen Rotwein aus anarchistischer Kelterei bis zum Schraubverschluss-Malzbier aus Bayern reicht das Angebot in der Einraum-Kaschemme. Links, alternativ und selbstorganisiert: Das ist manchmal etwas chaotisch, aber so sympathisch wie günstig. Es wird (allerdings) geraucht.
*Olga · Charlottenstr. 28 · charlotte28.blogsport.de*

## Überraschung
Die Kombination aus Auftritten von Symphonieorchestern, A-capella-Gruppen und Berliner DJs ist nicht die einzige Überraschung hier. Wie futuristisch der Konzertsaal daherkommt, sieht man der barocken Fassade nicht an. Besonders ist auch die Konzertbegleitung mit dem Ohrphon-Audioguide, der vor Beginn und in der Pause Wissenswertes zu Künstlern und Musik ins Ohr flüstert.
*Nikolaisaal · Wilhelm-Staab-Str. 10–11 · nikolaisaal.de*

## Ein richtiger Berg?
Der *Belvedere* auf dem Mühlenberg ist mal nicht von Königen angelegt, sondern eine natürliche Erhöhung. 50 Meter reichen in Potsdam für den Begriff „Berg". Die Bänke, von denen du beste Sicht auf die Potsdamer Altstadt hast, stehen schon bereit.
*Belvedere auf dem Mühlenberg · Mühlenbergweg*

## Guten Gewissens
Klassisch, aber nie langweilig. Aus ökologischen, hochwertigen und zumeist in Deutschland produzierten Stoffen werden Einzelstücke oder Kleinserien genäht. All das bietet das Label von Textildesignerin Anja Pruggmayer und Modedesignerin Mirjem Thielecke. Nicht ganz günstig, dafür ein gutes Gewissen kostenlos.
*Von Kittel · Gutenbergstr. 23 · vonkittel.de*

## Holland in Preußen
Wie gemütlich ist eigentlich eine gute Stube? Das Jan Boumann Haus im *Holländischen Viertel* informiert über das Alltagsleben im bezaubernden Quartier, das in den 1970ern beinahe abgerissen worden wäre. Friedrich Wilhelm I. ließ die 134 Häuser zwischen 1734 und 1740 von Johann Boumann entwerfen, um niederländische Siedler anzulocken.
*hollaendisches-viertel-potsdam.de*

## Promis gucken
Der minimalistisch eingerichtete Laden gleich hinter dem Brandenburger Tor bietet japanische und vietnamesische Küche und ist nebenher auch bei Potsdamer Promis beliebt. Hübsch anzusehen, wie das Sushi auf schicken Schieferplatten präsentiert wird. Ganz leer sollte die Reisekasse für den Besuch jedoch nicht sein. Außerdem gut zu wissen: Reservieren geht nicht. Die freundlichen Kellner finden aber meist noch ein Plätzchen.
*Chi Keng · Luisenplatz 3 · chikeng.de*

## Die dunkle Seite
Die Bezeichnung „Lindenhotel" für das barocke Stadthaus ist wohl der Versuch, dem Grauen, das hier stattfand, nicht zu ohnmächtig gegenüberstehen zu müssen. Auf die politischen Häftlinge, die die Nazis, der sowjetische Geheimdienst sowie die Stasi hier gefangen hielten, warteten Folter, Schlafentzug und Mangelernährung in unbeheizten Zellen. Im nationalsozialistischen Staat tagte im Gebäude zudem das „Erbgesundheitsgericht", das über Zwangssterilisationen entschied. An diese bewegte Geschichte erinnert eine Ausstellung am Beispiel vieler Einzelschicksale. Die Besichtigung des frei zugänglichen Gefängnisbaus ist gleichermaßen beeindruckend wie bedrückend.
*Gedenkstätte Lindenstraße · Lindenstr. 54/55 · gedenkstaette-lindenstrasse.de*

## Mit Schwung
Daniela Schwung mag es bunt, ausgefallen, einzigartig – und ein klein bisschen chaotisch. Die größere Herausforderung in ihrem Laden ist daher, nicht die Übersicht zu verlieren bei all den tollen Schmuckstücken. Achtung: Auch mit den Öffnungszeiten nimmt es Schwung nicht immer ganz genau.
*KettenChaosDesign · Benkertstr. 16 · kettenchaosdesign.de*

## Nur kurz gucken
SAP-Gründer Hasso Plattner ist auch Kunstsammler. Was der Wahl-Potsdamer zusammentrug, stellt er im *Palais Barberini* aus. Die Ausstellungen wechseln und werden um Leihgaben aus aller Welt ergänzt. Ein Schwerpunkt ist der Impressionismus. Wer nur kurz gucken will, nimmt das Evening-Special-Ticket für 10 Euro, gültig für die letzten zwei Stunden.
*Museum Barberini · Humboldtstr. 5–6 · museum-barberini.de*

## Im Wohnzimmer
Nicht irritieren lassen: Hier gibt es Kaffee, Kuchen und hausgemachten Apfelstrudel. Doch im klassischen Wiener Kaffeehausstil schmecken auch Wiener Schnitzel und ofenfrischer Hackbraten. Ein Laden, der sich „Wohnzimmer der Stadt" nennt, hat natürlich Tradition, und zwar seit 1878. Diese schätzten auch die Oppositionellen in der DDR, die sich hier gerne trafen.
*Café Heider · Friedrich-Ebert-Str. 29 · cafeheider.de*

## Filmreif
Es gibt viel zu sehen im 1911 gegründeten Filmpark mit angeschlossenem Filmstudio: diverse Kulissen, von „Lummerland" bis „Monuments Men". Dazu das „Sandmännchen"-Abenteuerland, die Stunt-Show (Foto li.) in der Vulkan-Arena, Westernstraße, Mittelalterstadt, 4D-Kino und Führungen durch das Außen-Set von „Gute Zeiten, schlechte Zeiten".
*Filmpark Babelsberg · Großbeerenstr. 200 · filmpark-babelsberg.de*

## Für Besserwisser
An Caféhaustischen lassen sich statt Kaffee auch sehr gut Cocktails und diverse Sorten Craft Beer genießen, gezapft und aus der Flasche. Das wissen Potsdams Studenten zu schätzen, die hier gerne ins Wochenende starten. Im Hof ist es im Sommer lauschig. Wer Dinge oft besser weiß, kommt zum Pubquiz, das regelmäßig stattfindet (Termine s. Website).
*Bar Gelb · Charlottenstr. 29 · bargelb.de*

Das Café Heider ist seit 1878 ein beliebter Anlaufpunkt

Potsdams Brandenburger Tor ist knapp 20 Jahre älter als das Berliner Imitat

## 25.000 Studenten

zählen die Potsdamer Hochschulen.

## 40 Personen

wurden zwischen 1962 und 1986 auf der Glienicker Brücke zwischen Ost und West als „Agenten" ausgetauscht.

## 267 Statuen

schmücken den Hauptbau des Neuen Palais. Dazu kommen noch 196 Puttengruppen.

## 1912

In diesem Jahr wurden die Babelsberger Filmstudios gegründet. Sie sind damit die ältesten der Welt.

## 114 Meter

hoch ist der Kleine Ravensberg, der höchste Punkt der Stadt. Der Große Ravensberg ist nur 108 Meter hoch.

## 1 Brandenburger Tor

gibt es auch in Potsdam.

# Ich weiß, was du nächsten Sommer getan haben wirst.

## Widder

**21. März – 20. April**
Liebeskummer lohnt sich nicht, my darling. Sobald du vorübergehend einen Ozean zwischen dich und deine Probleme gebracht hast, erkennst du das auch. Ziel: Washington. Unbegrenzte Möglichkeiten für Trost und Ablenkung zugleich.

## Stier

**21. April – 20. Mai**
Deine Power verdient Bewunderung, aber unendlich ist sie nicht. Um sie nicht überzustrapazieren, ist dir hiermit eine Verschnaufpause verordnet: in Kopenhagen, dem Mekka des *Hygge*. Danach kann's in deinem Tempo weitergehen.

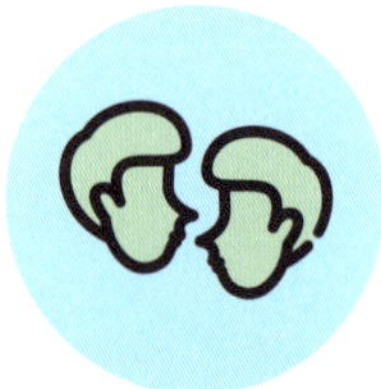

## Zwillinge

**21. Mai – 21. Juni**
Zerrissenheit ist kein gutes Gefühl. Ein kleiner Trost: Du bist damit nicht allein. Istanbul befindet sich zwischen Asien und Europa, Tradition und Moderne – und kommt trotzdem gut klar. Schau dir die Stadt an und lass dich inspirieren.

## Waage

**24. September – 23. Oktober**
Toll, wie bildungsbeflissen du gerade bist. Aber ohne Pause kannst du das Gelernte nicht verarbeiten. Um nicht komplett aus dem Gleichgewicht zu geraten, ist Leipzig ein gutes Ziel. Hier erholst du dich an Orten mit spannender Geschichte.

## Skorpion

**24. Oktober – 22. November**
Dein Bedürfnis, dich zu verkriechen, ist verständlich. Es hilft dir aber nicht weiter. Raus aus der Höhle, du brauchst Berge und Übersicht! Lissabon hält sieben Hügel und damit sieben neue Perspektiven für dich bereit.

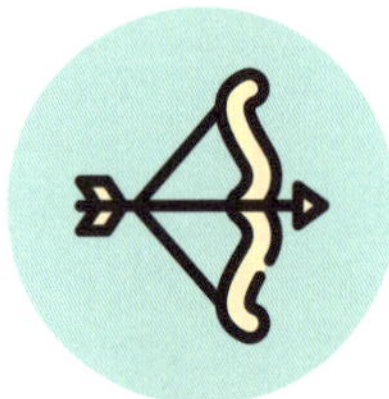

## Schütze

**23. November – 21. Dezember**
Burnout oder Boreout? Da du dir diese Frage stellst, hast du vermutlich beides, zumindest ein bisschen. Es gibt ein Gegenmittel und das heißt: Tokio. Dort trifft Kulturschock auf Erholung – genau das, was du jetzt brauchst.

## Krebs

**22. Juni – 22. Juli**
Schluss mit dem Einsiedlerleben. Du musst raus, unter Menschen, möglichst viele davon. Das Tempo in Shanghai wird dich inspirieren, wieder vor die Tür und offener auf das Leben zuzugehen.

## Löwe

**23. Juli – 23. August**
In deinem Leben auf der Überholspur fehlt eindeutig eins: Romantik! Blöd nur, dass man die nicht auf dem nächsten Netzwerk-Event findet. Dafür aber in der Dichter- und Neckarstadt Heidelberg. Nichts wie hin!

## Jungfrau

**24. August – 23. September**
Immer nur Arbeit, Familie, Haushalt – das kann nicht alles sein! Höchste Zeit für etwas Nachhilfe im „Savoir Vivre“. Mit anderen Worten: Auf nach Paris! Die Stadt der Liebe und des guten Essens bringt dich zurück in die Spur.

## Steinbock

**22. Dezember – 20. Januar**
Manchmal ist die Flucht in Phantasiewelten doch eine Lösung. Zumindest vorübergehend. Fahr nach Oxford zu Alice im Wunderland und Harry Potter. So kommst du auf andere Gedanken – und Auswege, die dir gerade fehlen.

## Wassermann

**21. Januar – 19. Februar**
Du musst dringend Stress abfließen lassen! Wo ginge das besser als in einer Stadt voller natürlicher Heilquellen und Thermalbäder? Pack die Koffer und auf nach Budapest. Abtauchen. Auftauchen. Schon kann es weitergehen.

## Fische

**20. Februar – 20. März**
Was dir gerade fehlt, ist der Flow. Darum buchst du rasch einen Trip an einen Ort mit viel Wasser, damit es bei dir wieder läuft. In Potsdam und Umgebung gibt es davon mehr als genug – zum Baden, drauf Paddeln und Bewundern.

Hallo
Kon'nichiwa
(Japanisch)
!!!
Ni hao
(Chinesisch)
Bonjour
(Französisch)
Szia
(Ungarisch)
Goddag
(Dänisch)
Bom dia
(Portugiesisch)
Hello
(Englisch)
Nóng hō!
(Shanghaichinesisch)
Ciao
(Italienisch)
Guten Tag
Hej
(Dänisch)

# Lob oder Kritik? Wir freuen uns auf deine Nachricht!

Trotz gründlicher Recherche schleichen sich manchmal Fehler ein. Wir hoffen, du hast Verständnis, dass der Verlag dafür keine Haftung übernehmen kann.

MARCO POLO Redaktion
MAIRDUMONT
Postfach 31 51
73751 Ostfildern
info@marcopolo.de

MIX
Papier aus verantwortungsvollen Quellen
FSC www.fsc.org FSC® C015829

*Fotos: Huber-Images: C. Bäck (136 rechts), A. Bartuccio (68/69), W. Bertsch (106/107), M. Borchi (89), S. Brozzi (78), M. Carassale (136 links), C. Cassaro (122 rechts), G. Cozzi (66), L. Debelkova (116), J. Flint (60 links), J. Foulkes (48), L. Grandadam (126), M. Howard (110 rechts), J. Huber (65), S. Kremer (30/31, 36, 37), F. Lukasseck (114), H. - P. Merten (98 links); Huber-images: M. Rellini (8, Huber-Images: M. Rellini (40, 103, 134, 138); Huber-images: R. Schmid (6/7, 13); Huber-Images: R. Schmid (28, 100, 153), G. Simeone (77); Huber-images: L. Vaccarella (12, 16); Huber-Images: L. Vaccarella (75), M. Wanderluster (142); Huber-images/TC (14, 15, 24); mauritius images: R. Eisele (148 rechts), A. Pöhlmann (27), S. Vidler (124); mauritius images/Alamy / Animaflora PicsStock (20); mauritius images/Alamy: A. (2 unten), F. Bienewald (149), K. Bolukbasi (58), C. Cheadle (63), T. Christ (112), I. Dagnall (90), O. Döring (23), S. Ettmer (144/145, 148 links), A. Fedorenko (42/43), F. Fell (84 rechts), M. Foley (46 rechts), D. Gee (49), E. Gerald (25), J. I. Greenberg 3+ (128), Hannizhong (32), A. Hargreaves (154), K. Howard (84 links), L. Martin (10 links), Mira (85), A. P. Morris, Farmoor (47), J. Müller (26), M. O'Flaherty (72 links), S. Ohlsen (70), D. Pattison (46 links), S. Pavone (118/119), A. Rassameesritrakool (98 rechts), B. Rottem (64), P. Ryall (51), J. Safronova (132/133), A. Sheratt (44), M. Slusarczyk (80/81), Mr Standfast (50), J. Tack (104), I. Tsyrkunowich (52), L. Vallecillos (120), M. Ventura (87), Visharo (60 rechts), H. - P. Williamson (108), S. Wilson (94/95), W. Wiskerke (86), X. Wu (125), K. Zelazowski (110 links); mauritius images/Alamy/BigPileStock (82); mauritius images/Alamy/CMC: E. Katsumata (34 rechts); mauritius images/Alamy/Edpics (150); mauritius images/Alamy/EQRoy (38); mauritius images/Alamy/Europe (2 Mitte, 62); mauritius images/Alamy/Have camera Will Travel/Europe (113); mauritius images/Alamy/Have camera Will Travel/North America (88); mauritius images/Alamy/HTHphoto (96); mauritius images/Alamy/Jaubert French Collection (72 rechts); mauritius images/Alamy/Johner Images (140); mauritius images/Alamy/NobleIMAGES (123); mauritius images/Alamy/Panther Media GmbH (56/57); mauritius images/Alamy/Universal Images Group Noth America LLC/DeAgostini (34 links); mauritius images/artpartner (99); mauritius images/Hemis.fr: B. Gardel (74, 141); mauritius images/Image Source: Cadalpe (151); mauritius images/imagebroker (152, W. Dieterich (101), S. Gabriel (76), K. F. Schöfmann (61); mauritius images/imageBroker: F. von Poser (2 oben, 115); mauritius images/imagebroker: M. Wolf (39), E. Wrba (102); mauritius images/Photononstop: E. Chaix (10 rechts); mauritius images/Stock4B: A. Küppers (139); mauritius images/Westend61: G. Wojciech (127); mauritius images/Westend61/PurePassionPhotography (146); Shutterstock: M. Weber (22 rechts), Zyankarlo (22 links); Shutterstock/BrAt82 (93); Shutterstock/Kasefoto (122 links); Shutterstock/Votimedia (18/19)*

1. Auflage 2021


Autoren: Juliane Schader;
Autoren „Wenn du schon mal da bist“: Heidelberg: Christl Bootsma, Marlen Schneider; Lissabon: Kathleen Becker; Potsdam: Juliane Schader; Tokio: Sonja Blaschke, Hans-Günter Krauth, Matthias Reich ; Budapest: Rita Stiens, Lisa Weil; Istanbul: Jürgen Gottschlich, Dilek Zaptçioğlu; Kopenhagen: Andreas Bormann, Martin Müller; Leipzig: Stephanie von Aretin, Evelyn ter Vehn; Oxford: Heike Krüsemann; Paris: Gerhard Bläske, Waltraud Pfister-Bläske, Felicitas Schwarz Grammon; Shanghai: Françoise Hauser, Sabine Meyer-Zenk, Dr. Hans-Wilm Schütte; Washington: Nancy Lanzendörfer, Sabine Stamer

Redaktion: Christin Ullmann
Bildreaktion: Gabriele Forst
Illustrationen Horoskop: flaticon.com
Visuelle Konzeption und Editorial Consulting: grandquest.de

Printed in Italy